세계의 석학들,
한국의 미래를 말하다

세계의 석학들,

한국의
미래를
말하다

다산
북스

한국을 사랑하는 마음을 담아

이 책은 한국 독자들이 그동안 봐왔던 외국 저자들의 책과는 전혀 다릅니다. 외국 저자들의 책은 대개 그들 나라의 독자를 대상으로 쓰인 뒤 베스트셀러가 되었을 때 한국어로 번역·출간되었습니다. 마이클 샌델의 『정의란 무엇인가』와 같이 말입니다. 그런데 이 책은 그런 책들과는 취지부터 다릅니다. 이 책은 처음부터 한국 독자만을 위해 썼습니다. 이 작업에 참여한 세계적 석학들이 처음부터 끝까지 한국의 국내 정치와 경제, 문화, 사회에 대해 이야기하면서 그들의 지혜를 담았습니다.

이렇게 기존 방식과 달리 그들에게서 직접 한국의 현재와 미래에 대한 의견을 들어보고자 한 데는 몇 가지 중요한 이유가 있습니다.

먼저, 한국은 매우 중요한 나라로 특히 애정이 가는 나라입니다. 한국과의 인연은 학자로서 한국의 한 대학과 관계를 맺으면서 시작되었습니다. 그 뒤 한국에서 학생들을 가르치게 되었고 벌써 5년이라는 시간이 흘렀습니다. 그사이 제 아이들은 한국의 학교에 다니면서 공부를 하고 친구를 사귀고 추억을 만들었습니다. 저 역시 학생들을 가르치면서 제자들이 생겼고 많은 동료, 친구를 만났습니다. 그리고 이들과 매우 의미 있고 소중한 관계를 맺고 있습니다. 이러한 관계를 맺으면서 한국은 저의 현재와 미래의 삶에서 매우 중요한 곳이 되었습니다.

그렇게 쌓아온 한국에 대한 애정을 바탕으로 한국 사회에 대해 많은 생각을 하게 되었습니다. 그 과정에서 올해가 한국인에게 매우 중요한 해가 될 거라는 판단을 하게 되었습니다. 이렇게 중요한 시기에 저도 한국의 미래를 위해 힘을 보태고 싶었습니다.

한국 사회에 필요한 것이 무엇일까 고민하다가 한국 사회의 문제들을 좀 더 객관적으로 다양한 관점에서 이야기하는 책이 필요하다고 생각했습니다. 국제적 전문가들이 다양한 관점에서 한국에서 일어나는 문제에 대해 조언하면 한국인이 더 나은 미래를 그려볼 수 있으리라 생각했습니다. 저는 많은 한국인이 이 책에서 소개한 석학들의 견해에 귀를 기울이고 세계 속에서 한국의 위상이 어떤지 돌아보면서 한국의 미래뿐 아니라 세계의 미래를 위해 한국이 어떤 역할을 할지 고민해보기를 소망합니다.

2012년과 2013년은 세계적으로도 매우 중요한 해입니다. 한국이 직면한 대내외적 과제와 도전을 범세계적 관점에 입각해서 조명해야 합니다. 한국에서는 올해 말 대통령선거가 있으며 북한, 프랑스, 러시아 또한 새로운 수장(首長)을 맞이했습니다. 중국과 일본도 새로운 지도자를 선출할 예정이며 미국도 대선을 앞두고 있습니다. 미국의 경우 오바마 대통령이 재선되더라도 새로운 정책가가 대거 등장할 것입니다. 역사상 이렇게 많은 정치적 변화가 세계에서 동시에 일어나는 일은 매우 드뭅니다. 우리는 이 모든 이슈에 대해 국제적 시각을 갖춰야 합니다.

저는 한문학을 공부한 학자로서, 지금과 같은 국제정세에서 한국이 춘추시대의 주(周)나라와 비슷한 상황에 놓여 있다고 봅니다. 당시 주나라는 주변 국가들 중 경제력·군사력을 주도하는 대국은 아니었지만 주변 국가 간 질서를 유지하고 국제 관계, 경제문화 관계에 균형을 맞추는 매우 중요한 역할을 했으며 문화와 규범이 다른 국가들에 많은 영감을 주었습니다. 저는 한국이 국제적으로 이러한 역할을 할 수 있다고 봅니다. 이는 정치·외교의 측면을 넘어 한국인이 주도해야 이뤄질 수 있다고 생각합니다.

오늘날 한국은 빈부격차, 복지문제, 중소기업과 대기업 간의 갈등, 포퓰리즘, 언론탄압, 민주주의 퇴화, 남북문제 등 여러 사회적 문제와 이슈를 안고 있습니다. 이러한 문제들은 얼핏 보면 한국만 가지고 있는 것 같지만 결국에는 국제 문제와 연결되어 있습니다. 따라서 이러한 사안을 다룰 때도 범세계적 관점에서 접근하고 객관적 시각을 갖추고 판단하는 것이 무엇보다 필요합니다. 이를 위해서는 다양한 분야의 전문가 의견을 국내 학자와 기업인, 모순적이고 혼란스러운 세상과 씨름하는 일반 시민들이 듣고, 소통하고, 합의를 이끌어내는 과정이 필요합니다. 이 책을 통해 많은 한국 독자가 세계적인 석학의 의견에 귀 기울여 새로운 세계에서 밝은 미래를 만들 수 있기를 기대합니다.

2012년 10월

임마누엘 페스트라이쉬

Chapter **1**

우리는
국가를
소비하는 시대에
살고 있다

벤자민 바버Benjamin Barber

벤자민 바버는 미국 메릴랜드대학교 공공정책대학원 교수다. 세계적인 정치사상가로 국제적 베스트셀러 『지하드 대 맥월드(Jihad vs. Mcworld)』, 21세기 민주주의 사상의 고전이 된 『강한 시민사회 강한 민주주의(Strong Democracy)』 등으로 널리 알려져 있다.

이건희 회장 손녀에게도
무상급식을

임마누엘 페스트라이쉬 　오늘날 한국 사회에서는 이른바 '포퓰리즘'과 초등학교 무상급식 문제 같은 보편적 복지정책의 추진에 대해 논란이 거세게 일고 있습니다. 오세훈 전 서울시장은 무상급식과 관련해서 시장직을 걸고 시민을 대상으로 무상급식 찬반투표를 진행했습니다. 그가 주장하는 핵심은 무상급식이 모든 학생이 아니라 이를 진정 필요로 하는 학생에게만 돌아가야 한다는 것이었습니다.

이러한 이슈는 단순히 무상급식 문제를 넘어 경제적 여유가 충분한 이들에게도 국가적 복지 서비스를 제공해야 하는가와 같은 국가와 사회복지제도의 범위 문제로 확대되었습니다. 예를 들면 이건희 회장의 손녀에게도 무상 혜택이 의미가 있느냐는 질문인데요. 어떻게 생각하시는지요?

벤자민 바버 　민주주의에서 '공공의'의 의미는 매우 중요하며 이에 대한 정의는 그 사회를 정의하는 데 매우 중요한 의미가 있습니다. '공공의'는 구성원 모두, 즉 시민 모두를 포함한 집단을 의미합니다. '공공'은 우리 전체를 의미하기도 하고요. 만약 진정 공공의 서비스라면 이는 시민 모두에게 제공되어야 합니다.

얼핏 생각해보면 공공 서비스를 개인의 경제 능력에 따라 다르게 제공한다는 것도 효율 측면에서는 나쁘지 않습니다. 그렇지만 공공 교통 서비스는 왜 부자들이 같은 비용을 내고 이용해야 하나요? 세금을 더 많이 낸다는 것만으로는 설명되지 않습니다. 그러면 요금을 더 많이 내야 합니다. 그러나 그것이 합당한 일일까요? 결국 '공공의'는 구조적으로나 상징적으로 그 사회에서 큰 의미를 가지고 있습니다. 진정한 공공 서비스는 누구에게도 예외 없이 반드시 제공되어야 합니다.

그런 의미에서 공공의 재화와 서비스는 모든 사람에게 제공되어야 한다는 원칙을 지지하는 사람으로서 무상급식이 이러한 공공 서비스가 실제로 필요하지 않은 부자들의 아이들에게도 제공되도록 결정한 서울 시민들에게 감사 인사를 전합니다.

임마누엘 페스트라이쉬　　저도 동의합니다. 무상급식을 하기 위해 가난한 아이들과 부모들에게 가난을 증명해 보이라고 하는 것 자체가 사회적 차별입니다. 시민이 모두 무상급식을 하는 것이 사회적 측면에서도 더 건강해 보인다는 점에서 이 의견에 동의합니다. 말을 더하면, 공원에서는 모든 사람이 자유롭게 뛰어놀 수 있어야 합니다. 세금을 1억 원 넘게 내는 부모의 아이에게 공원을 이용할 때 돈을 내라고 하는 모습을 상상해보세요.

그러나 중요한 사실은 복지비용이라는 큰 프레임에서 본다면 무상급식 비용이 아무것도 아니라는 점입니다. 이 돈은 예를 들면 의미 없는 결과나 만들어내는 부동산 안정대책 등에 들어가는 비용과 비교해도 매우 적습니다.

더욱 위험한 사실은 부자들이 이러한 사회복지비용이 대부분 자신들의 주머니에서 나온다고 생각한다는 것입니다. 그러나 그들이 간과하고 있는 중요한 사실이 있습니다. 그들이 돈을 많이 벌어 소유할 수 있는 것은 일반 사람들이 일하고 살아가는 바로 그 사회에서 살기 때문이라는 사실입니다. 그들은 자신들이 살고 있는 사회 없이는 아무런 부도 창출할 수 없습니다. 즉 우리는 모두 사회가 어떻게 경제에 기여하는지 인식해야 합니다.

좀 다른 논점이긴 하지만 일부 언론에서는 사회복지로 생길 수 있는 국가에 대한 의존적 자세와 사회적 문제 등도 지적합니다. 예를 들면 유럽에서 볼 수 있는 젊은 층의 자발적 실업이라든지 비대한 연금과 의료 서비스에 따른 엄청난 국가부채 현상 등과 같은 문제 말입니다. 이러한 비판이 과장된 경향도 있지만 정부 정책에 따른 결과물인 것은 틀림없습니다. 지금 유럽의 복지와 그에 따라 발생하는 문제를 어떻게 보시나요?

벤자민 바버　우리는 효율성 측면, 국가에 대한 국민의 의존성 등에 대해서 유럽 사회에 대한 비판을 많이 듣습니다. 그러나 우리는 현실을 넘어 그 비판을 좀 더 깊이 들어봐야 합니다. 그 이면에 있는 낮은 빈곤율, 인권 수준 등과 같은 현실 말입니다. 유럽 사회에는 대부분 어떤 사회에서도 볼 수 없는 정부의 배려와 관용이 있습니다.

미국 관광객들은 파리나 베를린에 가면 아름답게 잘 관리된 공원을 보며 감탄합니다. 청결한 공공장소나 잘 갖춰진 공공 교통 시스템 등을 보며 깊은 인상을 받습니다. 여성, 가족, 아이를 위한 최고의 국가복지 시스템에 감탄합니다. 그러곤 미국으로 돌아와서 '유럽! 망할 놈의 관료주의 국가'라고 비난합니다.

사실 진짜 문제는 관료 사회라는 시스템이 아닙니다. 어떤 사회를 원하느냐는 본질적인 것이 문제입니다. 우리가 안정된 공공재, 사회적 재화, 교육 시스템, 사회 안전망, 도시의 청결도 등으로 대표되는, 복지가 훌륭한 국가를 원하느냐 아니면 누군가에게는 엄청난 부자가 될 기회를 제공하지만 위에서 열거한 많은 국가 복지 시스템이 특정 개인의 소유여서 공공시설이 부족하고 불평등이 심화된 국가에서 살기를 원하느냐는 선택의 문제입니다.

사회적 빈곤을 줄이고 공공 시스템과 부의 사회적 기회를 바꾸겠느냐는 것이 핵심 문제입니다. 한국인에게 묻습니다. 서울을 파리나 베를린 같은 유럽의 도시처럼 만드시겠습니까? 아니면 미국의 디트로이트처럼 엄청난 부자와 가난한 사람이 공존하는 곳으로 만드시겠습니까? 어느 쪽을 선택할지는 한국인이 결정합니다.

대통령을 소비하는 사회

임마누엘 페스트라이쉬　저는 이번 사건이 복지문제를 넘어 오세훈 전 서울시장의 민주주의에 대한 매우 왜곡된 시각에서 비롯되었다고 봅니다. 어쨌든 그는 서울시장으로 선출된 것이지, 자신이 원하는 일이나 심지어 도덕적으로 책임감을 느끼는 일을 하라고 선출된 것은 아니기 때문입니다.

만약 무상급식을 제공하는 일이 국가에게 그토록 비도덕적이어서 시장으로서 그 일을 수행할 수 없다고 느꼈다면 사임하는 것이 당연합니다. 시장직 유지 여부를 투표에 부치는 것은 이렇게 말하는 것과 같다고 느꼈습니다.

"제가 시장으로 일하는 것이 당신들에게 얼마나 큰 특권인 줄 아십니까? 당신들이 제가 원하는 대로 따라오지 않는다면, 당신들이 누리는 특권을 빼앗을 수밖에 없어요. 저는 사퇴합니다!"

저는 이것이 일종의 정치적 선동행위였다고 생각합니다. 문제는 많은 유권자가 그의 수사에 휘둘려 잘못된 방향으로 이끌리거나 적어도 자신이 기대한 것과 다른 길로 빠져들 수 있다는 것입니다. 유권자들이 어떻게 정치적 선동의 대상이 되느냐는 것은 매우 심각한 이슈입니다. 특히 매우 교묘하게 다듬어진 언어와 세련된 사진들로 그들을 옹호하는 언론이 주변에 있을 때는 유권자들이 더욱 위험해지죠.

벤자민 바버　　물론 그런 정치적 선동에 노출되어 위험에 빠진 시민들이 있는 건 사실입니다. 하지만 민주주의에서 진정한 리더십은 시민 다수가 시민이자 피선거권을 가진 개체로서 책임을 지는 것, 즉 시민의 책임의식에 있다고 봅니다. 민주주의는 민주적 귀족이라고 자처하는 소수의 '노블레스 오블리주'로 유지되는 것이 아닙니다. 이런 사례는 나치가 민주적 선거를 실시해 독일을 장악한 것이나 일본 제국주의의 엘리트 권력이 조직적으로 부상한 것에서 볼 수 있습니다. 수준 높은 교육과 학습은 그 자체로 정의로운 정부 또는 공정한 정치적 결정을 보장해주지 못한다는 것을 역사를 통해 반복해서 확인할 수 있습니다.

미국의 작가 윌리엄 F. 버클리 주니어William F. Buckley Jr.는 이렇게 말했습니다.

"하버드대학교 졸업생 2,000명이 지배하는 사회에서 사느니 보스턴 전화번호부의 맨 앞에 나오는 2,000명이 모여 사는 사회에서 살고 싶다."

임마누엘 페스트라이쉬　시민의 책임의식이 중요하다는 사실에는 동감합니다. 하지만 이 이슈는 현실적으로 볼 때 생각보다 훨씬 복잡합니다. 이상적인 목표지점과 현실의 괴리감이 너무 큽니다. 오늘날 미국에서 유권자에게 품는 흔한 불만 중 하나는 그들이 '리더를 원하는 것이 아니라 기적을 발휘하는 사람을 원한다'는 것입니다. 저는 이 과장된 표현에 진실의 핵심이 담겨 있다고 생각합니다.

요즘 사람들은 자신이 표를 던짐으로써 권력을 쥐게 된 이들이 골치 아픈 것들을 말끔히 정리해주고, 모든 것을 정상으로 돌려놓기를 바랍니다. 그리고 자신은 주변 사람들과 불평이나 주고받는 것 말고는 별로 할 일이 없기를 점점 더 바라는 것 같습니다. 즉 내가 투표한 사람이 일을 제대로 해내지 못하면 또 다른 누군가를 그 자리에 올려놓으면 그만인 것입니다. 어떤 의미에서 보면 정치인은 세제나 소화제처럼 취급됩니다.

그런 태도는 우리 사회의 심각한 상업화 경향에서 비롯했습니다. 우리는 모든 사물을 소비 대상인 상품으로밖에 여기지 않게 되었습니다. 또 많은 것을 상업적인 돈의 논리에 따르거나 구글이나 네이버에서 검색하듯 어떤 의무도 따르지 않는 공짜 선택에 따른 논리로 결정합니다. 이러한 기형적 문화는 엘리트 계층에만 국한되지 않고 극빈층에게까지 스며들었습니다. 그 결과 사회적으로 진행되는 어떤 일에서도 큰 성과를 내기 어렵게 되었습니다.

벤자민 바버　시민들이 자신을 시민으로 생각하기보다 일종의 소비자, 즉 국가라는 서비스 주체의 고객으로 여기기 시작할 때 민주주의가 심각하게 왜곡된다는 주장에 동의합니다. 상업화가 극도로 진행된 사회에서는 민주주의가 버틸 수 없습니다. 나는 이러한 주장을 『소비사회Consumed: How Markets Corrupt Children, Infantilize Adults, and Swallow Citizens Whole』에서 상세히 밝혔습니다. 상업화는 모든 것을 '조작할' 수 있는 가장 위험한 무기입니다. 그런 인식이 확산될수록 사람들은 책임 있는 공적 시민이 해야 할 일을 사적 소비자도 충분히 할 수 있다는 착각에 빠지게 됩니다.

그러나 사실은 그렇게 될 수 없습니다. 그들이 소비자와 시민의 차이를 이해하게 하려면 시민교육을 실시해 사익과 공익의 차이를 집중적으로 알려야 합니다. 개인적 자유(내가 원하는 것을 선택하는 것)와 공적 자유(우리, 즉 공동체에 필요한 것이 무엇인지 숙고하는 것)의 차이를 말입니다.

위로부터의 강제와 아래로부터의 설득과 조작의 차이 역시 교육이 밝혀내야 하는 영역입니다. 전자는 비교적 잘 알려져 있지만 후자는 잘 보이지 않을 뿐만 아니라 과소평가되어 있습니다. 로스앤젤레스에 사는 사람은 수백 가지 브랜드의 자동차를 빌리거나 살 수 있기 때문에 이동하는 데 '선택권'이 있다고 생각할 수 있습니다. 그러나 불과 몇 킬로미터를 이동하기 위해 30분 이상 기다려야 하고, 이마저도 버스를 몇 번 갈아타야 하는 대중교통과 맞닥뜨렸을 때 진정으로 이동하는 데 선택권이 있다고 할 수 있을까요? 즉 사적 교통수단과 대중교통수단 사이에서 진정한 선택권은 없습니다. 이런 의미에서는 진정한 자유가 없다고 볼 수 있습니다. 단지 내가 원하는 자동차를 선택할 수 있을 뿐입니다.

임마누엘 페스트라이쉬 이러한 문제를 바로잡는 데 가장 큰 걸림돌은 무엇이라고 생각하십니까?

벤자민 바버 많은 사람이 복지문제를 거론하면서 인구통계학적 이슈를 이야기합니다. 한국을 포함한 많은 국가가 급속히 고령화 사회에 진입했거나 진입을 앞두고 있고, 이로써 많은 사회적 문제와 직면하고 있습니다. 그러나 노령 인구, 은퇴 인구의 증가와 의료비용을 댈 젊은 근로 인력 부족 등 직면하고 있는 위기가 객관적 인구 문제에 국한되지 않을 수도 있습니다.

정치적 선택은 방만한 복지국가 재정을 정비하려는 책임 있는 '노블리스 오블리주' 엘리트들과 너무 많은 혜택을 공짜로 요구하기만 하는 버릇없는 시민들 사이에만 있는 것은 아닙니다. 여기에는 제3의 세력이 있습니다. 바로 사적 이익을 공적 영역에까지 확장하여 사익을 공익보다 우위에 두기를 원하는 민간기업과 은행입니다. 이들의 영향력이나 사적 이익에 따라 사회 분위기가 조장되거나 정책이 폐지될 수 있습니다.

임마누엘 페스트라이쉬　저 역시 그러한 분석을 부정하지 않습니다. 실제로 지난 10년간 한국과 미국의 정치적 담론에서 찾아볼 수 있는 가장 충격적인 점은 정치적 이슈 자체가 토론의 대상이 되기는커녕 논외로 치부되고 있다는 사실입니다. 미국 의료개혁 보고서의 어느 곳에서도 의료 관련 입법을 위한 로비 기관은 분석 대상이 되지 않습니다. 의료 개혁 논의에서는 그들이 중심에 서 있는데도 말입니다.

그리고 이러한 현상의 이면에서 우리는 미국 사회와 한국 사회의 모든 계층에서 일종의 뿌리 깊은 정치적 수동성을 관찰할 수 있습니다. 이것은 사태를 지속시켜 사람들이 조직을 결성해 비판하지 못하게 합니다. 저는 노동계층의 생존을 위한 기술과 식량 그리고 오락 등에 대한 의존도야말로 노동계층이 정치세력을 효과적으로 이루지 못하는 주요인이 되어왔다고 생각합니다.

벤자민 바버　같이 얘기하다 보니 흥미롭군요. 저는 이를 제3세력의 비도덕성과 탐욕이라는 관점에서 바라보았습니다. 그런데 페스트라이쉬 교수님은 한 걸음 더 나아가 이러한 환경이 현대사회에서는 동서양을 막론하고 시민의 국가에 대한 수동성(그리고 의존성)을 초래했다고 보는군요. 이는 곧 시민참여의식의 실종으로 연결되고요.

하버드대학교, 케임브리지대학교보다 중요한 것들

임마누엘 페스트라이쉬　우리는 국가의 진화 과정에서 현재의 국가 개념을 다시 생각해볼 필요가 있습니다. 미국과 같은 많은 나라에서 국가라는 개념은 사라지고 있습니다. 1960년대에는 정부 내 구성원인 공무원의 다수가 전문 지식인으로 매우 구체적인 일을 했습니다. 하지만 최근 미국 정부의 공무원은 대부분 사실상 시키는 일만 하는 판단력 없는 이들이 되었지요. 1960년대에는 하버드대학교 졸업자 가운데 40% 정도가 정부를 위해 일했습니다. 하지만 현재는 그 수치가 2%도 되지 않습니다. 그들은 대부분 기업을 위해 일합니다. 이런 관점에서 보면 지금은 정부의 많은 부분이 빈껍데기나 다름없습니다. 과거 정부가 하던 일들을 이제는 정부에서 하청을 받은 기업들이 처리합니다.

따라서 정부에 의해서라는 의미를 정확히 이해해야 합니다. 우리는 많은 것(예를 들면 구글이나 다음 같은 검색엔진)에 의존도가 높아지는 사회에서 살고 있습니다. 더욱이 누군가가 우리를 돌볼 것이라는 기대감이 커지는 시대에 살고 있습니다.

과거 한국이 전통적으로 어떻게 살았는지 생각해봅시다. 그들은 자신들의 먹거리를 기르고 돌보는 의무가 사회적으로 공유되는 사회에서 살았습니다. 비록 정치적으로는 억압적이었을지 모르지만 여전히 가족이라는 사회가 있었고, 충분히 독립적이었습니다.

하지만 이제는 그 누구도 자기 자신은 물론 가족을 돌볼 수 없는 사회가 도래했습니다. 심지어 많은 사람이 더는 자신들이 먹을 음식을 만들지도 못하는 사회가 되었습니다. 그들은 모든 재화를 사서 소비합니다. 아이들은 게임이나 놀이 상품 없이는 놀지 못하게 되었습니다. 우리의 삶은 검색엔진이나 내비게이션에 절대적으로 의존하고 있습니다. 이러한 의존성을 바탕으로 인터넷 사이트에서 클릭 몇 번으로 미래에 투자하는 펀드를 구매하고 더 나아가 기억조차 아웃소싱하는 시대에 살고 있습니다. 사람들은 이제 더는 주변 사람들의 이름이나 어떤 장소를 기억하지 않습니다. 그들에게는 스마트폰이 있으니까요. 이로써 사람들이 과거에는 가능했던 활동의 영역이 점점 좁아지고 있습니다.

이러한 현상이 우리가 살고 있는 사회, 국가와 나의 관계에서는 어떻게 변했는지 생각해볼 수 없을까요? 많은 국가에서 국가가 해야 할 일을 기업이 합니다. 정부는 기업보다 사람들을 덜 고용합니다. 언젠가는 아무도 없는 도시처럼 텅 빌 듯이 말이죠. 반면에 한국은 여전히 좋은 인력이 정부를 위해 일하고 또 일하려고 지원합니다. 그러나 변화가 일어나고 있는 것만은 확실합니다. 시민들은 정부가 제공하는 서비스를 기대하면서 정부를 상품 다루듯 평가합니다. 이러한 현상 속에서 기업과 정부의 기능적 경계선은 모호해집니다.

이제 국가는 국민에게 그저 서비스를 제공하는 하나의 조직으로 변했습니다. 개인은 세금을 내고 선거를 하는 것 이외에는 어떤 책임도 지지 않습니다. 그렇게 둘의 관계는 한쪽이 한쪽에 의존하는 형태로 변했습니다. 이러한 의존성은 그것이 국가든 기업이든 상대 조직의 특성이나 모습을 결정짓는 데 아무런 역할도 하지 않고 그저 하나의 개체로 의미가 있을 뿐임을 뜻합니다. 예를 들어 김 아무개가 우체국에 가서 직원에게 우표 디자인이 마음에 들지 않으니 바꾸면 좋겠다고 제안한다면 어떤 반응이 올까요? 아마도 그 직원은 '살다보니 별 미친놈이 다 있네'라고 생각할 것입니다.

그러나 만약 정부가 시민들로 구성된 조직이고 정부가 곧 시민이라는 생각으로 접근한다면 김 아무개가 왜 그렇게 할 수 없을까요? 실질적인 의사결정 과정에서 시민들은 투표할 때를 제외하곤 참여할 공간이 없습니다. 사람들은 이러한 현상에 전혀 문제가 없다고 보고 변화의 필요성을 느끼지 못하는 듯합니다. 저는 그 이유를 앞에서 길게 설명한 시민의 수동성, 국가에 대한 의존성이라는 관점으로 해석합니다. 이것은 매우 건전하지 못한 현상이라고 생각합니다.

벤자민 바버　　이렇게 한 방향으로만 의존하는 것을 막으려면 시민 스스로 의식을 바꿔야 합니다. 그런 측면에서 시민교육이 매우 중요하지요. 하지만 시민교육이 엘리트 대학교육으로 치중되는 측면이 있어 우려스럽습니다. 사실 평범한 공립학교와 대학의 역할은 훨씬 더 중요합니다. 대다수 시민은 이런 학교들에서 교육받기 때문입니다. 시민교육 프로그램은 더욱 확산되어야 합니다. 미국의 하버드대학교나 영국의 케임브리지대학교, 프랑스 파리의 소르본대학교 등과 같은 '엘리트' 대학은 그 자체로 소수를 위한 교육이라는 개념을 부추깁니다.

그러나 토머스 제퍼슨Thomas Jefferson과 존 애덤스John Adams도 동의

했듯이, 민주주의에서는 평범한 시민들도 보편적 시민교육과 인문교육을 통해 사실 이해 능력과 명료한 사고를 갖춰 합리적 성찰 능력을 키울 수 있어야 합니다. 역사적으로 '최고의 교육을 받은 사람들'이 모두 가장 진보적이거나 민주적이지는 않았습니다. 파시스트 독일과 제국주의 일본에서 소수의 엘리트는 자신의 특수한 학식과 지위를 정의 수호보다는 압제의 도구로 사용했습니다.

임마누엘 페스트라이쉬   포퓰리즘이 제대로 교육받지 못한 대다수 시민을 정치적 수사로 호도한다는 점에서 대중에게 위협이 된다는 것이 주된 논점이라면 모든 사람, 특히 저소득층을 위한 교육에 대대적으로 투자함으로써 문제를 해결하려고 노력해야 합니다. 한국은 대체로 국민 교육에서 다른 많은 나라에 비해 뛰어난 성과를 거두어왔습니다. 미국에 비해서도 한국의 노동 계층은 훨씬 더 나은 교육을 받고 있습니다. 교육 목적도 교육을 많이 받은 지도자들로 구성된 슈퍼엘리트 계층을 양성하기보다는 모든 사람의 삶의 질을 높이는 데 맞추어져 있습니다. 흥미로운 사실은, 최근 서울대학교나 카이스트 같은 일부 대학을 세계적인 대학으로 만들자는 사회적 관심이나 주장입니다.

이러한 현상은 바로 미국을 표준으로 삼고 있다는 점을 드러내는데요. 이는 한국판 하버드만 나타난다면 한국이 글로벌 경쟁력을 보유할 수 있다는 주장에서 비롯되었습니다. 저도 경희대학교에서 교육 관련 이슈에 관해 토론할 때 이런 함정과 마주치곤 합니다. 논의의 중심이 어디까지나 학교의 수월성 추구에 맞춰지기 때문에 평균 시민들에게 미칠 결과는 관심사가 되지 못합니다. 사실 세계 수준의 대학을 표방하는 것 이상으로 지방대학과 기타 대학들의 수준을 한 단계 높이고 더 많은 시민이 이러한 대학의 혜택을 받게 만드는 일이 더욱 중요합니다.

더 나아가 복지에서 시민교육의 관점을 둘로 나눠 생각할 필요가 있습니다. 하나는 정부의 예산이 제한적이라는 것이고 다른 하나는 설사 돈이 있어도 정부가 할 수 없는 부분이 있다는 것입니다. 이 이슈는 원론적으로 다르기 때문에 헷갈리면 안 됩니다. 특히 저는 두 번째 관점, 즉 예산이 무한대로 있어도 정부가 궁극적으로는 할 수 없는 분야가 있다는 사실을 인지해야 한다는 데 초점을 맞춰 설명하고 싶습니다. 일상생활에서 국민의 정부에 대한 의존성을 낮추어야 합니다. 이러한 의존성은 혼자서 문제를 해결할 능력을 잃어버린 사람들을 양산하기 때문입니다. 이는 심각한 사회문제이자 돈으로 해결할 수 없는 문제입니다.

예를 들면 예산을 많이 투자해 의료 복지예산을 늘렸다고 합시다. 그러나 국민 스스로 운동하지 않고 정크푸드만 먹으며 자신을 돌보지 않는다면, 그 예산은 의미가 없습니다. 사람들이 낭비한다면 복지지출액은 그 끝을 모를 것입니다. 이는 첫 번째 질문인 비용을 댈 돈이 충분히 있느냐와 연결됩니다.

국가는 돈이 충분하지 않기 때문에 선택의 문제에 직면하게 됩니다. 무엇을 선택할 것이냐는 문제입니다. 그런데 사실 이 문제에서 많은 사회적 갈등을 낳습니다. 그렇다면 선택의 문제에서 가장 먼저 고민해야 할 부분은 무엇일까요? 이때 과연 이 돈으로 정부가 근본적인 문제를 해결할 수 있느냐는 고민이 기준점이 되어야 합니다. 그리고 이런 측면에서 시민교육은 복지예산의 핵심이자 가장 중요한 영역입니다. 따라서 교육이 우선순위라면 복지지출은 그것이 무엇이든 명백히 지출해야 할 1순위 예산입니다.

결국 단순히 어떤 물질적 혜택을 주는 복지가 아니라 시민을 교육하는 형태의 국가 역할이 매우 중요합니다. 예를 들어 사람들이 자신들을 돌볼 수 있는 교육을 받는다든지 뒤뜰에서 자신들이 먹을 재화를 기를 수 있는 기술과 자세 등의 교육을 받는다면, 이것이 근본적으로 복지 차원에서 말하는 국가 재정 문제에 도움이 많이 될 것입니다. 평생교육은 개인과 사회를 윤택하게 만듭니다.

1960년대 후반에 한국의 정치 지도자들이 일반 시민들을 위한 교육을 진행한 것이 결국 한국이 빠르게 성장하게 된 매우 중요한 이유이자 동력이 되었다고 생각합니다. 이러한 현상을 다시 만들어낼 수 있습니다. 다수 국민이 교육을 잘 받을 수 있다면 사회적 비용은 엄청나게 절감될 것입니다. 예를 들면 리사이클을 제대로 하지 못해 낭비되는 비용이 얼마인지 생각해보십시오. 피임이나 다이어트 같은 교육문제로 낭비되는 비용은 얼마나 될까요?

실질적으로는 건강을 돌보는 방법, 돈을 관리하는 방법, 사회에 공헌하는 방법 등을 시민들이 배울 수 있는 시민교육의 복지가 우선되어야 합니다. 단순히 복지지출을 늘리는 것만으로는 의미가 없습니다.

벤자민 바버　결국 이러한 시민교육은 올바른 민주주의의 토대인 시민참여의식이 확대되는 중요한 실마리가 될 수 있습니다. 물론 이를 위해서는 시장과 공무원이 공공의 선을 대표한다는 전제가 있어야 합니다. 이것은 그들의 책임입니다. 그리고 그들이 대표성을 잃는다면, 그들은 리더로서 자신들이 맡은 역할을 하지 못하는 것입니다.

그러나 시민 역시 공공의 재화를 위해 일하는 정치인이 있다면 그들을 지지해야 합니다. 정치인에게는 그들이 어려운 결정을 할 때 지지해주고 지켜줄 시민이 필요합니다. 따라서 일종의 강한 연대감이 교육과 함께 필요합니다.

19세기 프랑스의 학자 알렉시 드 토크빌Alexis de Tocqueville은 'apprenticeship of liberty' is the most 'arduous of all apprenticeships', 즉 자유로워진다는 것은 가장 힘든 훈련이자 과정이라고 했습니다. 그는 사람들이 자유스러워지는 방법을 익혀야 한다고 말했습니다. 한국전쟁에서 얻는 교훈인 '자유는 그냥 주워지는 것이 아니다Freedom is not Free'라는 말을 되새겨볼 필요가 있습니다.

사람은 자유롭게 태어났지만 매우 약한 의지체이므로 반드시 공공참여, 정치적 연대 그리고 사회적 학습을 통해 자유의 기술을 습득해야 합니다. 이 일은 유치원에서 장난감을 함께 치우는 데에서 시작됩니다. 강한 시민이 없으면 민주주의는 결코 존재할 수 없습니다.

이런 측면에서 앞서 이야기한 복지 논쟁에서도 결국 어떤 복지를 선택할지 논쟁하기 전에 우리 사회가 어떤 사회인지 되돌아봐야 합니다. 그리고 어떻게 시민참여의식을 높이고 사회와 개개인의 연대의식을 높이는 토대를 만들지 생각해봐야 합니다.

전파하고 소통하라

임마누엘 페스트라이쉬 저는 과거 일부 정치인이 한국의 정치를 바라보는 관점이 저와 매우 다른 것에 다소 충격을 받았습니다. 저는 정치인과 정부는 태생적으로 좋고 나쁨이 없는 자연상태로 존재한다고 생각합니다. 그리고 오늘날 정치의 문제점인 '모든 것이 정치적이다'는 관점에 동의하지 않습니다. 즉 정치인과 정부도 일반인처럼 좋은 이와 나쁜 이가 있습니다. 따라서 그들이 다분히 정치적이라는 전제를 가지고 이야기해야 합니다.

정치인은 일반적으로 권력과 돈에만 관심이 있다고 인식되어 있습니다. 이는 오랜 역사가 증명하는 사실입니다. 정치인은 자신들의 부와 권력을 위해서 일하고 부자는 자신의 부를 위해서 일합니다. 그들이 악하기 때문에 그럴까요? 아닙니다. 이것은 개인의 문제가 아니라 사회문화 자체가 건전하지 못하기 때문입니다. 만약 그들이 사라지고 새로운 사람들이 그 자리를 채운다면 새로운 사회가 만들어질까요? 그렇지 않을 거라고 봅니다. 저는 이 문제의 원인을 사회 환경에서 찾고 싶습니다. 만약 한국의 정치·사회 환경이 건강하고 건전하다면 재임할 때 좋은 평가를 받지 못한 노무현 대통령이나 좋지 않은 평가를 받고 있는 이명박 대통령도 현재보다 훨씬 높은 평가를 받지 않았을까 생각합니다. 한국과 미국의 이야기로 더 설명해보지요.

현재 시민들은 대부분 자신들의 정치참여 영역을 '투표한다, 신문을 읽는다, 친구와 정치에 대해 논쟁한다'는 정도로 생각하는 것 같습니다. 그런 상대나 대상이 있는 것은 바람직합니다. 하지만 이는 매우 제한적인 접근 방법입니다. 이러한 접근 방법은 슈퍼맨 같은 환상적인 일꾼을 뽑아놓고 그가 자신에게 주어진 일을 할 수 있는지 평가하는 추측놀이에 가깝습니다.

제가 다른 방법을 제안해보죠. 앞에서 이야기한 좀 더 건전한 사회 정치적 환경의 하나입니다. 이러한 생태를 만들 수 있다면 다음 선거에서 누가 당선되든 큰 문제가 안 될 수도 있습니다. 정부가 유권자와 시민을 진정으로 대표할 수 있다면 대통령은 그러한 정부에서 요구하는 바를 잘 따를 것입니다. 그러나 정치인이 누군가의 투표로 당선된다고 가정한다면, 그 후보가 무엇을 약속하든 사람들은 모두 그 결과에 실망할 것입니다.

이것은 권력자와 부자만의 문제가 아닙니다. 이러한 정치를 게임이나 시스템의 형태로 보면서 하나의 브랜드를 샀다가 파는 것처럼 여기는 일반 시민들의 문제입니다. 우리는 자신들의 부를 이용해서 자신들을 위한 정책과 정치를 만들어가는 1%의 논리를 알고 있습니다. 그러나 기억해야 할 것이 있습니다. 돈 걱정 없이 이상적 목표를 위해 일하는 사람들에게 돈을 앞세운 힘의 논리는 한계가 있다는 사실입니다.

물론 정치인이라면 매일 만나는 힘 있고 돈 있는 사람들의 이야기를 경청하겠지요. 그러나 우리는 그들이 공공의 선을 목적으로 제안하는 개개 시민과 만나서도 새로운 변화의 시작점을 만들 거라는 사실을 알고 있습니다. 문제는 그러한 사람이 매우 적다는 데 있습니다. 사람들은 대개 자신의 필요에 따라 정치인을 만납니다.

지금의 정치를 변화시키고 싶다면 먼저 현실을 직시해야 합니다. 정치는 이상과 현실을 아우르며 사익과 공익을 아우르는 영역이라는 현실을 직시해야 합니다. 그러고 나서 그 사람들에게 전파해야 합니다. 정치인을 만난다면 그들에게 돈과 권력을 요구하는 것이 아니라 리더로서 우리 사회에서 역할을 하라고 요구해야 합니다. 물론 한 사람의 변화가 많은 것을 변화시키지는 못할 수도 있습니다. 그러나 그런 사례가 수천 가지, 수만 가지 있다면, 어떤 정치인이 이러한 진정성 있는 편지를 수천 통, 수만 통 받는다면, 많은 사회적 문제는 해결되기 시작할 거라고 믿습니다. 우리에게 필요한 것은 1%가 그러한 차이를 만들 수 있는 정책 안에서 그러한 수준의 약속을 보여주는 것입니다.

국회에서 열리는 세미나는 대중에게 열려 있습니다. 그러나 몇몇 시민이 그 자리에 일종의 로비를 하려고 오는 것은 봤어도, 특정 이슈에 대해 토론하기 위해 그 자리에 참석하는 시민은 보지 못했습니다. 만약 시민들이 그러한 자리에 참석한다면 그들은 들을 것입니다. 정치인들은 돈이나 권력과 관계없다는 이유로 시민들이 그러한 곳에서 만들어낼 수 있는 변화를 가볍게 보아서는 안 됩니다.

물론 다양한 단체가 많습니다. 개인의 탐욕과 관계없이 정치인에게 접근하는 NGO나 그 밖의 사회단체가 많습니다. 그들이 맡은 일을 지원하는 방법도 좋은 대안이 될 수 있습니다. 시민들의 자발적 정치참여도 돈으로 살 수 없는 것 중 하나입니다. 그러나 어떻게 세상을 바꿀 것인가, 어떻게 시민들이 문제를 자각하고 좀 더 적극적으로 참여할 수 있게 만들 것인가가 관건입니다.

우리는 이러한 목표를 현실에서 이룰 수 있도록 최선을 다해야 합니다. 물론 모든 문제가 완벽히 풀리는 날은 오지 않겠지만요. 자기 자신이 변해야 합니다. 세상이 어떻게 움직이고 의사가 어떻게 결정되는지 알 수 있도록 가르쳐야 합니다. 선거제도가 어떻게 작동되는지 논의하고 학교와 교통 시스템을 손질할 이웃들과 그룹을 만들고, 그들과 정기적으로 만나십시오. 여러분이 생각하는 바람직한 지역사회에 대해 이야기해보십시오. 이런 과정을 충분히 거쳤다면 정부와 정치적인 이야기도 해볼 것을 제안합니다.

앞에서 이야기한 것처럼 정치와 선거의 연관성은 매우 적습니다. 오히려 그들을 가르치고, 설득하고, 일정 정보를 제공하는 것이 미래를 위해 누군가를 선택하고 뽑는 일보다 더 중요합니다. 어떤 정치인이 자신의 정치적 목적을 위해 부모를 배신했다 해도 그가 매우 도덕적인 정부 관료들, 시민들과 함께한다면 그 정치인은 바뀔 것입니다. 사람과 조직은 바꿀 수 있습니다.

만약 부패한 정치인에게 시민을 위해 학교를 세울 수 있도록 예산을 늘려달라고 한다면, 그 정치인은 이 말을 듣지 않을 겁니다. 그러나 그 정치인이 수천 명, 수만 명에게서 이 말을 듣는다면 그는 바뀔 것입니다. 우리가 바라는 새로운 세상은 선거로 이뤄낼 수 있는 것이 아니라는 사실을 다시 한 번 강조합니다.

복지를 주제로 대화를 시작했는데 국가와 국민의 관계, 식민교육과 자발적 참여까지 이야기했네요. 이야기가 길어졌는데, 마지막으로 한국 국민에게 한마디 해주시죠.

벤자민 바버 사회적으로 얼마만큼 돌려받을 수 있느냐는 문제는 곧 시민이 세금으로 얼마나 낼 용의가 있느냐는 문제로 귀결됩니다. 프랑스의 경우, 프랑스 시민에게는 많은 세금을 기꺼이 내겠다는 강한 사회적 합의가 있습니다. 그리고 그 시스템은 전반적으로 작동합니다. 반대로 그리스의 경우, 국민은 더 나은 사회 서비스를 원했지만 그러한 비용을 지불할 능력도, 의지도 없었습니다. 이러한 상황은 결국 심각한 문제를 일으켰지요.

역사적 관점에서 보더라도 사회복지 시스템이 많은 구성원에게 지지를 받을 때 돈은 공공의 선을 위해 모였고 사회의 갈등은 최소화되었습니다. 공공의 선을 위해 소득과 능력에 맞게 혜택이 주어지고, 그에 맞는 세금을 낸 사회는 사회적 갈등이 최소화되고 매우 조화롭게 운영되었습니다.

문제는 아마도 그러한 긍정적인 사례를 오늘날에는 찾아보기 어렵다는 데 있을 것입니다. 시민들이 낸 세금의 혜택이 특정 기업이나 부자들에게만 돌아가는 정부와 정부 정책이 많아졌습니다. 만약 공공재가 사유화되고 시민들이 자신들을 개별화해서 생각하기 시작한다면, 이 사회는 그 누구도 책임지려 하지 않을 것입니다. 만약 시민들이 자신들의 사적 이익만을 위해 사회적 시스템을 조정하고 이용하기만 한다면 사회적 갈등은 더욱 커지겠죠.

사회적 갈등의 시작점은 대개 이 부분입니다. 공공의 시민으로서 개인을 망각한다면 그들은 공공의 재화를 위해 일하는 꿀벌이 아니라 희생양을 찾는 외로운 늑대에 가깝지 않겠어요? 이러한 시장원리주의에서 공공의 선과 사익의 갈등이 우리가 직면하고 있는 문제의 본질 아닐까요?

앞에서 정말 많은 이야기를 했습니다. 그런데 결국 이야기를 따라가다 보면 시민의 참여의식과 책임의식만이 문제를 해결할 근원적 방법이라는 생각을 지울 수 없습니다. 앞서 페스트라이쉬 교수님이 말씀하신 것처럼 소비하는 국민에서 국가를 주체적으로 생산하는 국민이 되길 희망합니다.

Chapter **2**

촘스키,
한국 언론의
정의를 말하다

노암 촘스키|Noam Chomsky 로버트 맥체스니|Robert W. McChesney

노암 촘스키는 미국 MIT 석좌교수를 거쳐 연구교수로 있다. 현대 언어학의 발달에 혁명적 변화를 가져온 언어학자이자 현실 비판과 사회 참여에 앞장서는 실천적 지식인으로 널리 알려져 있다. 『지식인의 책무』, 『촘스키, 우리가 모르는 미국 그리고 세계』 등으로 한국에 널리 알려져 있다.

로버트 맥체스니는 미국 일리노이 주립대학교 교수다. 민주주의에서 언론의 역할에 대한 연구로 세계적으로 주목받고 있으며 미국 내 언론개혁기구인 프리프레스(Free Press)의 공동창업자이자 주간 라디오 쇼 미디어 매터스(Media Matters)의 진행자로 널리 알려져 있다.

'나꼼수'를 해부하라

임마누엘 페스트라이쉬 지난해부터 올해까지 '나는 꼼수다(이하 나꼼수)'라는 팟캐스트Pod Cast 방송이 한국을 떠들썩하게 만들었습니다. 이는 일시적인 사건이 아니라 하나의 현상으로 해석하려는 경향이 생길 정도로 매우 관심이 높은 이슈가 되었습니다.

그런데 이번 장에서 언론과 관련된 문제를 '나꼼수'로 시작하면서도 미국인인 저에게는 이 현상이 미국에서 직면한 언론문제와 다소 차이가 있는 것처럼 보입니다. 미국 언론의 주요 문제는 언론의 상업화, 즉 언론이 기업 이익의 수단이 되어 그들을 대변하거나 미디어 자체가 이익집단으로 변질되는 경향입니다만 한국에서는 이러한 문제보다는 정치적 이슈로 언론을 바라보는 것이 더욱 큰 것으로 보입니다.

'나꼼수'도 이러한 정치적 문제가 핵심이 되어 등장했습니다. 정부가 중요 미디어를 장악하고 권력화하려는 구조에 대한 대항이랄까요. 최근 MBC를 비롯한 주요 미디어에서 벌어진 노동조합 파업사태도 이러한 정부의 언론 권력화, 즉 정치적 문제와 직접 연관이 있어 보입니다. 이런 측면에서 언론문제를 바라보는 한국과 미국의 시각은 많이 다릅니다.

하지만 이러한 현상을 한번 이야기해볼 필요가 있습니다. 주요 미디어의 권력화에 대항하고 대통령을 비롯한 주요 권력자의 비리 문제를 주로 다루면서 사회에 핫 이슈로 등장한 '나꼼수'를 어떻게 바라보는지 말씀해주세요.

로버트 맥체스니　'나꼼수'와 유사한 현상을 미국의 '가짜뉴스Fake News'에서 찾을 수 있습니다. 이런 가짜뉴스 현상의 핵심은 기존 권력에 대한 조롱으로 요약할 수 있는데요. 미국에서 존 스튜어트Jon Stewart와 스테판 콜베어Stephen Colbert가 진행하는 '데일리 쇼Daily Show'가 가장 대표적인 예가 아닐까 생각합니다.

물론 두 쇼가 형식면에서는 다소 차이가 있습니다. 데일리 쇼는 '나꼼수'와 달리 인기 있는 텔레비전 프로그램으로 일종의 뉴스 형식을 빌리고 있습니다. 이와 아울러 두 진행자의 정치적 참여도는 '나꼼수'의 네 패널보다는 간접적입니다. 이를 즐기는 시청자도 '나꼼수'보다는 훨씬 덜 적극적이지요. 그런 측면에서는 보도 오락 쇼에 더 가깝다는 생각은 합니다만 궁극적으로 현 권력을 희화화하고 문제점을 제기한다는 것이 목표와 방법 측면에서는 동일하다고 볼 수 있습니다.

노암 촘스키　저도 이 현상을 미국의 언론문제와는 다르게 봅니다. 미국의 언론이 매우 자유롭다고 할 수는 없지만 한국의 현상을 보면, 미국보다 더욱 권위적인 정부에 대한 언론의 태도로 보이는 군요. 앞에서 말씀하신 것처럼 미국의 언론문제는 매우 심각하지만 그 성격이 다릅니다.

언론문제를 얘기할 때는 언론이 그 사회에서 담당하는 성격이나 역할을 다양한 각도에서 봐야 하는 것은 물론이고 정부와 사회 개체의 관계도 봐야 합니다. 미국은 정부의 언론에 대한 권력화나 개입 정도가 매우 약한 나라입니다. 그러한 경우도 매우 드물고요. 반면에 언론이 오히려 정부에 자발적으로 예속되는 경향은 주요 이슈에서 매우 빈번하게 보입니다. 대표적인 사례가 미국의 이라크 침공에 대한 언론의 태도입니다. 언론들의 정부에 대한 자발적 예속은 주요 언론에서 다뤄야 할 매우 민감하고 중요한 이슈를 차단하는 결과를 가져오기도 합니다. 일종의 자발적 사회 검열인 셈이지요. 권력의 강압 없이 언론의 자발적 예속에 따라서 말이죠.

임마누엘 페스트라이쉬 언론의 자발적 예속이라는 관점을 좀 더 상세히 설명해주십시오.

노암 촘스키 지난 40년간 미국 언론이 가지고 있는 문제의 핵심을 이해하려면 시장적 관점의 의미를 좀 더 정확히 이해해야 합니다. 만약 '월스트리트저널' 같은 신문을 본다면 그들은 항상 일반 시민이 어떻게 반응했는지가 아니라 시장이 어떻게 반응했는지에 대한 질문을 끊임없이 쏟아냅니다. 이는 다시 말하면 그들이 쏟아내는 이야기의 초점은 당신이 무엇을 원하느냐가 아니라 시장, 곧 기업이 무엇을 원하느냐에 맞춰져 있다는 것입니다. 기업과 언론의 관심 영역의 경계선이 사실상 없어진 것이죠.

왜 이렇게 되었냐고요? 언론은 이제 더는 신문을 팔고 방송을 팔아 수익을 내는 기업이 아닙니다. 그들의 제1수익원은 기업의 광고입니다. 아울러 이제 광고의 핵심전략은 상품판매라는 일차 목적에 있지 않습니다. 광고의 첫 번째 목적은 이미지를 만드는 것입니다. 그들이 수십억 원, 수백억 원을 들여서 홍보회사와 계약을 맺고 기업을 홍보하는 일은 모두 이와 연관되어 있습니다.

그런데 더 재미있는 사실은 이러한 홍보회사의 활동이 우리가 알고 있는 방송과 신문 지면에 그들의 제품이 좀 더 많이 노출되게 하고 기업의 이미지를 좋게 각인되게 하는 등 기업의 직접적 활동과 상관없는 부분에 더욱 집중되어 있다는 것입니다. 그들은 방송 관계자들을 만나 미국에서 군국주의가 등장하는 문제라든지, 기업 리더십이 쇠퇴하는 문제라든지, 사회 부패 같은 매우 심각한 문제에서 국민의 관심을 다른 데로 돌려놓을 방법을 논의하고 그렇게 되도록 노력합니다. 왜 그럴까요?

얼마 전 미국에서는 브리티시 페트롤륨British Petroleum, BP이 멕시코 연안에 엄청난 양의 석유를 흘려보내는 일이 일어났습니다. 많은 전문가가 방송에 나와 이를 해결할 방법을 제안했지만, 그 누구도 정부가 다시는 BP가 이 바다에 접근하지 못하게 해야 한다고는 말하지 않았습니다. 언론이 기업이 원하는 방향으로 이미지를 만든 것입니다. 앞에서 설명한 그러한 과정을 거쳐서 말입니다.

과거 이라크전쟁도 좋은 사례입니다. 기업 입장에서 이라크전쟁은 반대할 이유가 전혀 없는 매우 좋은 기회였습니다. 이라크의 원유와 파병 등 전쟁으로 얻을 수 있는 이익이 눈에 훤하게 들어왔을 겁니다. 결국 어땠습니까? 텔레비전 토크쇼를 비롯해 많은 언론과 미디어가 전쟁을 조장하는 방송을 얼마나 많이 내보냈습니까? 그러나 그것이 진실이었는지 묻고 싶습니다.

임마누엘 페스트라이쉬   앞에서 말씀하신 내용에 전적으로 동감하며 그런 측면에서 지난 15년간 미국의 언론 상황이 매우 악화되었다고 생각합니다. 언론의 기업 의존도가 정말 심각한 수준에 이르렀습니다. 정치사회학자 셸던 월린Sheldon Wolin은 자신의 저서 『민주주의 주식회사Democracy Incorporated』에서 어떻게 기업들이 미국의 민주주의를 자신들의 이익 추구 수단으로 만들었는지 밝혔습니다. 과거에는 특정 1인이나 소수의 독재자가 사회를 장악하고 자신들의 규칙으로 사회를 다스렸다면 오늘날에는 기업이 사회를 장악함으로써 일종의 눈먼 대중을 통해 아래에서부터 사회를 장악하고 있다는 것입니다.

이러한 주장은 매우 설득력이 있습니다. 제가 걱정하는 것은 이를 통해 우리 사회의 진정한 자유가 위협받고 있다는 사실입니다. 무형의 힘과 조장으로 만들어진 사회, 즉 한정된 영역에서의 자유와 언제나 그들이 변형, 조정할 수 있는 자유는 진정한 자유라고 볼 수 없습니다. 마치 감옥 안의 자유처럼 말이죠.

로버트 맥체스니　언론은 어떤 사회에서나 권력과 통제를 위한 갈등의 중심에 서 있습니다. 민주주의 사회에서 언론문제의 정치적 속성은 널리 알려져 있습니다. 정치적 측면에서 언론 시스템의 평가 척도는 그것이 성공적인 민주사회를 만들어내느냐가 아니라 좀 더 광범위한 사회경제적 상황에서 반민주적 압력과 경향에 도전하여 그것을 허물어뜨리느냐, 오히려 그것을 강화하느냐가 될 것입니다.

갈등의 핵심에는 수익을 극대화하는 상업 기관으로서의 역할과 양식 있는 언론으로서의 책임 사이에 긴장관계가 있습니다. 우리가 공익의 요구와 공적 보조로 저널리즘을 이해할 수 있다면, 문제를 해결하기 위한 창의적인 방법이 봇물처럼 쏟아져 나올 것입니다. 그런 단계에 도달하기 전까지는 지적·정치적 늪에 빠져 허우 적대게 됩니다. 결국 한국인이 저널리즘을 앰뷸런스 서비스를 제공하는 공익과 같이 볼 수 있느냐는 것입니다.

임마누엘 페스트라이쉬　한국의 '나꼼수'와 미국의 '가짜뉴스'의 사회적 기여는 권위주의적인 사회를 경계하고 표현의 자유를 공고히 하는 데서 찾을 수 있습니다. 특정 주류 언론이 다룰 수 없는 영역을 다루고 시민들에게 정보를 제공함으로써 그들의 사회적 역할과 의미를 생각해볼 기회를 주었습니다. 그러나 아울러 그들의 한계를 지난 부시 정부의 한 사례에서 찾을 수 있습니다.

일리노이대학교의 프랜시스 보일Francis A. Boyle 교수는 미국의 법대 교수 자격으로 부시 대통령 탄핵안을 제출했습니다. 그는 미국 헌법을 근거로 대통령 부시의 죄목을 조목조목 열거했습니다. 저는 그의 실천의지와 행동에 대해 이야기하고 싶습니다. 그는 근본 문제를 해결하기 위해 행동했습니다. 비록 그 과정이 매우 지루하고 재미없었지만 말입니다.

로버트 맥체스니　사실 '가짜뉴스'의 핵심은 유머, 즉 웃음에 있습니다. '나꼼수'가 그렇게 인기를 끌 수 있었던 여러 이유 중 하나도 분명 유쾌함이었을 것입니다. 그러나 이러한 특징이 '나꼼수'를 매우 제한적으로 만들 수 있습니다. 미국 대선후보였으며 비평가인 랄프 네이더Ralph Nader의 이야기를 들어보겠습니다.

"저 역시 정치적 유머를 누구보다 좋아합니다만 때론 이러한 유머가 너무 과한 시대에 살고 있지 않은지 의심해보기도 합니다."

그는 1960년대 공산주의 국가 시민들의 삶을 보기 위해 구소련을 방문했을 때 이야기를 꺼냈습니다.

"감히 미국에선 접할 수도 없는 최고의 삼류정치 유머는 소련에 있었습니다. 그러나 아울러 미국에는 있는 공식적 저널리즘이 사라진 현장을 목격하고 매우 큰 충격을 받았습니다."

아마도 그가 그때 느낀 그 감정이 지금 우리가 '나꼼수'나 '데일리 쇼'를 보면서 느끼는 감정과 유사하지 않을까 생각합니다. 이는 구소련 시대의 절대 권위를 조롱할 때의 그런 감정이 아닐까 생각해봅니다.

이러한 방송들의 정치 희화와 유머는 매우 훌륭하지만, 동시에 우리의 공식 저널리즘은 어디에 있으며, 어디로 가고 있는지를 되돌아보게 합니다.

임마누엘 페스트라이쉬   말씀을 듣다보니 우리 언론 환경의 한계와 가짜의 위험성을 다시 한 번 생각하게 되는군요. 일종의 대안언론이 정치 희화화에만 집중하고 많은 사람이 이를 주로 흥미나 오락의 관점에서 접근한다면 말입니다. 이렇게 되면 현안을 해결하기는커녕 악순환을 만들어낼 거라는 생각이 드는군요. 그렇게 되면 이런 미디어들은 대안 미디어로서 제 구실을 하지 못하고 그저 코미디 쇼가 되어버리겠군요.

로버트 맥체스니 '가짜뉴스'가 저널리즘에 어떤 긍정적 역할을 하는지부터 이야기해보죠.

미국의 글렌벡Glenn Beck, 션 해니티Sean Hannity 같은 보수 언론인과 친기업 비평가들 그리고 친정부적 성향을 띠고 있는 한국의 문화방송MBC, 한국방송KBS 같은 언론은 정부로부터 하달된 매우 불편한 내용을 사실이나 정의인 것처럼 일반인에게 호도할 수 있습니다. 그 결과 편향적인 사실이나 관점이 사회 전체의 기조처럼 인식되고 시민들의 경험적 증거는 무시되는 현상이 일어납니다.

반면에 '나꼼수' 진행자들이나 스튜어트, 콜베어는 기존 주류 언론의 관행을 따라야 할 필요도, 권력자들의 눈치를 봐야 할 이유도 없다는 점에서 매우 자유롭습니다. 따라서 이러한 대안 미디어들은 권력자들의 선동적인 언행, 납득할 수 없는 부정과 어리석은 행동을 거침없이 꼬집는데, 이는 매우 긍정적인 역할을 합니다. 그들은 기존 미디어의 형태를 모방하면서도 이들의 불합리한 관행에서 벗어나 진정한 언론으로 인식됩니다. 우리가 그들을 대안언론이라고 하는 이유도 여기에 있습니다.

그러나 우리는 앞에서 이야기한 네이더의 말을 명심해야 합니다. 비록 과거 구소련 체제에서는 매우 훌륭한 정치풍자가 비주류 사회에 있었지만, 그것은 공식적 언론의 공간에 존재하지 못했습니다. 그리고 결과적으로 그러한 정치풍자는 구소련의 시스템을 바꾸는 원동력이 되지 못했습니다. 그저 정치풍자로 끝난 것이죠. 주류문화는 정치선동과 거짓이었으며 우리가 알듯이 당시 대중은 괴로워했고 삶의 질은 나빴습니다.

비록 우리는 한국과 미국에서 소중한 자유를 누리며 살고 있지만, 정치경제 시스템은 우리가 아는 것 이상으로 매우 부패했습니다. 그런 면에서 우리 미래는 매우 암울해보입니다. 비참한 상황을 맞이하고 있는 주류 언론들은 이런 사회에서 어떤 책임감도 갖지 못하는 것처럼 보입니다.

그러나 네이더가 자신의 청중에게 인지시켰듯이, 정치 풍자가 사회에 성행할수록 사회가 그만큼 약해지고 있다는 증거일 수도 있음을 잊지 말아야 합니다.

차라리 많은 사람이 '나꼼수'나 스튜어트와 콜베어의 '데일리 쇼'가 코미디에 지나지 않을 뿐 저널리즘이 아니라는 사실을 인지하면 좋겠습니다. 이는 그들을 무시하거나 폄하하기 위해서가 아니라 주류 언론을 보호하려는 데 목적이 있습니다. 주류 언론이 작아지고 위축될수록, 사회에서 다뤄야 할 이슈도 위축되고 축소됨니다. 비록 대안 미디어들이 정치의 숨겨진 이야기를 꺼내어 신랄하게 비판한다 할지라도, 이는 사회적 논의를 위한 새로운 화제를 제안하는 조직적 힘을 가질 수 없습니다. 이러한 프로그램의 의미는 인정하지만 주류 언론의 시정 또는 대안의 대상이 될 수는 없다고 생각합니다.

임마누엘 페스트라이쉬 이러한 현상을 일시적인 것으로 보시나요? 비록 주류 언론의 꼴을 갖추지는 못했지만 그들에게 새로운 미래가 없다는 말씀이신가요? 이는 한국 사회에서 매우 중요한 질문 같습니다.

로버트 맥체스니 '나꼼수'는 일종의 세대 변화에 따른 현상으로 사람들이 정보를 어떻게 받아들이고 기술이 어떻게 세상을 바꾸는지를 보여주는 단면이라는 생각이 듭니다. 그러나 이러한 프로그램들이 어떻게 진화할지에 대한 질문의 관점, 시민들이 '나꼼수' 같은 프로그램에 어떻게 반응할지에 대한 관점, 그리고 이러한 현상이 정치 시스템과 주류 언론에 어떤 영향을 미칠지에 대한 관점 등은 좀 더 연구해야 할 부분이 아닌가 생각합니다.

놀랍고도 너무 놀라운

임마누엘 페스트라이쉬 '나꼼수'에서 시작된 대안언론과 관련된 이야기는 이쯤에서 마무리하고 최근 몇 년 동안 계속된 언론의 노동파업과 관련해 이야기하면 좋겠습니다.

한국 사회는 의사결정 과정이 매우 권위적으로 보입니다. 그리고 국가 자체가 그 어떤 국가보다 매우 강한 역할을 합니다. 그런데 이러한 구조와 다르게 사회적으로 내재된 일종의 힘이 있습니다. 이는 노동자 그리고 저항의 힘이라고 표현할 수 있는데요. 한국 사회에서 일어나고 있는 많은 저항 현상을 찬성할 수는 없지만 최근 미국에서 벌어지고 있는 '월가를 점령하라Occupy Wall Street Movement'와 비교해볼 때 한국의 저항운동이 좀 더 조직적이고 효율적입니다. 지난 40년간 미국에서는 볼 수 없었던 것이죠.

더욱 놀라운 사실은 이러한 노동운동의 목적이 단순히 임금을 올려달라는 개인적 요구가 아니라는 것입니다. 최근 벌어진 MBC 파업의 목적은 현 정권의 미디어 권력화에 대한 저항이었으며, 현 정권이 내정한 사장의 퇴진을 요구하는 파업이었습니다. 미국의 개인적 보수와 관련된 파업 또는 저항운동과 비교했을 때 이는 매우 신선하며 주목할 만한 일입니다. 사실 미국의 미디어 산업에서 이렇게 윤리적이면서 정확한 보도권을 보장받기 위한 파업은 일어난 적이 없습니다.

노암 촘스키 동의합니다. 이러한 현상은 미국도 배워야 하지 않을까 싶습니다. 한국에서 일어난 민주주의를 위한 용기 있는 행동과 저항은 분명 미국인이 배워야 합니다. 아울러 현재 이러한 자유를 위해 저항하는 언론인들이 배격하는 정부가 미국 정부의 강력한 지지를 받고 있다는 사실이 미국인으로서 부끄럽습니다.

임마누엘 페스트라이쉬 한국 노동자들은 미국 노동자들과 달리 노동을 도구 이상의 행위로 보는 듯합니다. 미국에서도 한때 강력한 노동운동이 있었지만 복지비용과 임금삭감 등과 같은 막강한 힘의 위협에 굴복하고 말았습니다. 사실 노동운동 자체가 언론의 자유나 사회의 원론적 변화를 위한 싸움도 아니었고요. 미국의 노동운동 이야기를 더해보면 좋겠습니다.

노암 촘스키 미국의 노동운동은 오랫동안 개인의 임금을 올리기 위해 진행되었으며 그 결과가 대체로 만족스러웠기 때문에 대규모 파업과 같은 사태로 이어지는 일은 매우 드물었습니다. 미국에서 노동권은 기업의 의사결정 과정이나 정책결정 과정에 거의 참여하지도, 기여하지도 않았습니다.

노동운동을 짧게 보면 1920년대 노동권의 힘은 미미했습니다. 1930년대 들어서면서 힘이 생기기 시작했습니다. 그러나 이를 최고점으로 이후 강한 계급의식으로 무장한 비즈니스 세계에서 점차 영향력과 힘을 잃어갔습니다. 이렇듯 노동권의 힘과 영향력이 쇠퇴한 결과는 매우 심각해서 오늘날과 같은 비즈니스 논리가 사회, 미디어, 심지어 권력의 구조까지 모두 지배하는 결과를 가져왔습니다. 한국의 현재 모습은 이와 달리 좀 더 나은 구조를 제공할 가능성을 보이는 것 같아 좋습니다.

임마누엘 페스트라이쉬　맞습니다. 이야기를 좀 더 덧붙이면, 미국의 노동운동은 20세기 초 일어난 러시아혁명이 중요한 기준점이 될 듯싶습니다. 러시아혁명을 계기로 미국에서는 사회주의에 대한 사회적 두려움 같은 경향이 생겨났습니다. 그런 흐름을 기업과 국가가 잘 이용했지요. 이를 이용해서 노동자조합과 언론을 장악하는 중요한 계기를 맞습니다.

1919~1921년의 '적색공포Red Scare' 분위기는 언론과 정치인이 조장했습니다. 많은 작가와 기자가 러시아혁명에 동조한다는 이유로 해고되거나 정직되었습니다. 이러한 사회적 두려움이 1920년대의 흐름이었습니다. 그리고 1920년대에 경기가 좋아지고 기업들이 강해지면서 일종의 거품이 생기기 시작했습니다.

하지만 1929년 너무나도 유명한 대공황이 일어납니다. 이때 노동자들이 다시 한 번 힘을 얻을 기회를 잡습니다. 미국의 자동차 노동자 유니언도 이때 생겨났습니다. 경제 위기가 노동자들이 뭉칠 수밖에 없는 상황을 만든 것입니다. 자동차 노동연맹은 대규모 파업을 이 시기에 강행했습니다. 노동운동은 정부도, 기업도 손댈 수 없을 만큼 강렬해서 대기업을 혼란스럽게 만들어버렸습니다. 이를 바탕으로 1940년대에는 노동조합의 지도자들이 정계에 진출하고 기업 경영과 정책에까지 힘을 뻗치게 됩니다.

그러나 제2차 세계대전 후 1919년과 유사한 상황이 다시 벌어지게 되고 공산주의자와 노동운동의 지도자라는 색깔론에 사로잡힌 작가와 기자, 지식인이 사회적으로 공격을 받게 됩니다. 정치 캠페인이었던 조 매카시Joe MaCarthy의 이른바 '공산당의 비밀 조직원Secret members of Communist Party'에 대한 정부의 조사로 상황이 마무리되면서 노동자 시대는 막을 내리게 됩니다.

1950년대 들어서자 멕시코 노동자들이 유입되고, 거대 노동조합들이 진정한 노동자를 대변하기보다는 일종의 엘리트 집단처럼 변질되면서 노동자들의 힘은 급격히 약해집니다.

여기서 재미있는 사실은 시대 차이가 있다는 것입니다. 미국에서 노동자들의 전성시대는 1930~1940년대로 당시 활동하던 인물들은 대부분 죽었습니다. 미국에서 최근 벌어지고 있는 '월가를 점령하라' 같은 흐름은 분명 1930~1940년대의 노동자를 대변할 또 다른 흐름이라고 볼 수 있지만 당시 노동운동을 주도하던 사람들과는 관계가 없습니다. 그때 그들이 주장한 내용과 행동이 지금의 것들과 매우 유사한데도 그 연결고리를 찾기가 쉽지 않습니다.

하지만 한국의 경우는 이와 다릅니다. 한국은 1980년대에 이르러서야 노동운동이 본격적으로 시작되었습니다. 진보적 성격을 띠고 당시를 경험한 지도자들이 지금도 정치 제도권에서 활동합니다. 즉 노조 간, 선후배 간에 연결성이 있습니다. 이러한 것이 한국 노동운동의 매우 큰 장점이 되고 있고 또 될 수 있다는 생각이 듭니다.

로버트 맥체스니 MBC, KBS 같은 일부 공영기업에서 기자를 주축으로 벌어진 파업의 원인이 개인의 임금, 즉 금전문제가 아니라는 것은 매우 인상적입니다. 정치적 이슈를 중심으로 한 편집구성권을 얻기 위한 노동운동은 미국에서는 상상도 할 수 없는 일입니다. 비록 개별적으로 사임한 언론인이 있지만 조직적 파업 움직임은 없었습니다. 이는 미국 언론인에게 미디어의 자유를 얻기 위한 길을 제시하는 것 같기도 합니다. 그러한 변화의 움직임이 미국에서도 있으면 좋겠습니다.

그들을 열렬히 응원합니다

임마누엘 페스트라이쉬   두 분은 한국 언론 노동권의 최근 움직임을 매우 긍정적으로 평가하는 것 같습니다. 마지막으로 한국 독자들에게 한마디 해주십시오.

로버트 맥체스니   정부의 통제권이 누구에게 있든 국가의 검열은 무조건 금지해야 합니다. 현명한 정책결정 과정과 투명한 과정을 거쳐 기관을 다양화하고 재원을 공급하며 부패를 최소화한다면 바람직한 언론이 출현할 수 있습니다. 국가권력이 뉴스실에 개입하여 사람들에게 이래라저래라 간섭하는 것은 어떤 명분으로도 정당화할 수 없습니다.

그리고 이러한 환경이 조성되려면 언론인 스스로 올바른 자세를 갖는 것은 물론 건강한 사회와 언론 환경을 만들고 유지하기 위한 시민들의 지원과 참여가 필요합니다.

한국 언론인들이 훌륭한 언론의 모습과 행동이 어떠해야 하느냐에 대해 일정한 가치관과 비전을 견지하는 것이 중요합니다. 저는 다음 네 가지로 바른 언론의 모습을 제안하고자 합니다.

첫째, 언론은 권력층 인사들과 정부, 기업, 비영리단체 소속 인사들 중 권력을 꿈꾸는 이들에 대한 엄정한 평가를 일반 시민에게 제공해야 한다.

둘째, 언론은 모든 사람의 정보에 대한 갈증을 정당한 것으로 여겨야 한다.

셋째, 언론은 진실과 거짓을 구분할 수 있는 타당한 방법을 갖추거나 최소한 거짓말쟁이들이 무책임하게 나라를 파국으로 이끄는 일을 막아야 한다. 특히 전쟁과 경제 위기, 공적 갈등을 일으키지 않도록 해야 한다.

마지막으로, 언론은 이 시대의 대다수 주요 이슈에 대해 양식 있는 의견을 광범위하게 피력해야 한다. 그것도 일시적으로 우려를 표명하는 데 그치는 것이 아니라 원대한 지평을 향한 도전을 제시해야 한다.

이러한 이슈는 권력층 인사들이 언급하는 내용만으로 결정될 수 없습니다. 언론은 마땅히 국가의 조기경보 시스템을 제공해야 하며, 문제가 위기로 치닫기 전에 미리 이에 대해 예상하고 연구하고 토론해서 적시에 언급해야 합니다.

마지막으로 한국인에게 묻고 싶습니다. 오늘날 한국 사회의 언론은 여러분이 자신의 정치경제적 자유를 축소시킬지도 모르는 힘들로부터 스스로를 지키는 데 필요한 정보를 얼마나 효과적으로 전달해주고 있습니까? 만약 그 수준과 정도가 만족스럽지 못하다면, 문제가 있다고 생각한다면 한국 사회의 언론을 다시 한 번 생각해보고 바른 변화와 밝은 미래를 위해 올바른 언론을 지원하고 지지하시길 부탁합니다.

노암 촘스키 언론이 정부와 기업의 영향력에서 벗어나 활동할 수 있다는 것은 건강한 민주주의를 위해서 매우 중요합니다. 반대로 이야기하면 이것이 보장되지 않는 민주주의는 매우 위험하다고 할 수 있습니다. 우리가 직면하고 있는 언론의 문제는 결코 새로운 것이 아닙니다. 과거에도 유사한 문제가 있었고 이를 역사 속에서 끊임없이 개선해왔습니다. 그리고 그러한 역사에서는 지식인이나 전문가 몇 명뿐만 아니라 이러한 필요성을 자각하고 행동한 대중이 있었습니다.

MBC와 KBS 사태는 이러한 관점에서 매우 고무적인 일이며 우리 모두의 좋은 사례가 아닌가 생각합니다. 노동자의 임금이나 복지뿐 아니라 사회적 윤리와 정의 그리고 공공의 선을 위해 싸우는 한국 언론인과 국민에게 찬사를 보냅니다.

임마누엘 페스트라이쉬 다음 글로 이번 대담을 마무리하겠습니다. 특정 정보를 독점한다는 것이 결국 언론 권력화의 주요 쟁점입니다. 그런데 이러한 문제를 법으로 제도화한다고 해서 해결할 수 있을까요? 저는 결코 해결할 수 없다고 봅니다. 근본 해결책은 언론의 기본 속성을 이해하는 데서 비롯합니다. 첫출발은 시민의 참여의식이 어느 정도냐에 달려 있습니다.

과거 언론에서는 어떤 일들이 있었습니까? 그들을 이상적으로 봐서는 안 됩니다. 과거에도 언론의 비도덕적이며 비윤리적인 행위는 충분히 있었습니다. 다만 최근 들어 좀 더 새로운 경향이 보이기 시작했을 뿐입니다. 언론이 상품화되고 있다는 것입니다. 이는 과거에는 크게 보이지 않던 경향입니다. 뉴스는 상업화된 상품의 관점에서 접근하면 안 됩니다.

1970~1980년대에는 미국의 언론 형태가 다양했습니다. 그 당시 뉴스는 다소 지루하고 권위적이었을지는 몰라도 우리가 아는 것이었습니다. 그들은 사실, 즉 진실을 다뤘습니다. 언론은 교육적이었으며 어떠한 사실을 상세히 다룬다는 관점에서 보면 매우 건전했습니다. 언론이 비록 덜 비판적이었을 수는 있어도 시스템이 어떻게 움직이는지 설명하는 정보가 충분했다는 관점에서는 매우 건전했습니다.

최근 언론의 핵심은 오락과 요약입니다. 분석과 상세 정보가 들어갈 공간이 매우 좁아졌습니다. 젊은 세대들은 이제 특정 이슈에 대한 상세하고 진지한 분석을 지겨워합니다. 이러한 변화는 언론의 오락화를 부추깁니다. 미디어가 알려야 하는 사실과 정보는 오락이 되거나 간략해집니다.

소비자의 태도 변화 역시 중요한 문제입니다. 그들은 나름의 스토리 프레임을 머릿속에 가지고 있습니다. 그리고 원하는 뉴스만 듣고 스토리 라인에 끼워 맞춥니다. 그러는 과정에서 진짜 사실을 다루는 뉴스와 언론은 살아남을 공간이 사라집니다. 뉴스에서 이명박 대통령MB과 관련된 뉴스를 다룬다고 생각해보십시오. 소비자는 모두 이미 MB의 스토리 라인을 가지고 있으며 그 스토리 라인에 맞춰 뉴스를 받아들이고 재생산합니다.

'나꼼수'는 이러한 소비문화의 매우 좋은 예이자 결과물입니다. 부패한 권력자들을 비판하고 대통령을 비판하는 미디어가 등장했다는 것은 매우 반길 일입니다. 그러나 이 사회가 어떻게 움직이는지 정치 이면의 원리를 설명하는 진짜 뉴스의 관점에서 본다면 '나꼼수'는 분명 한계가 있습니다.

대통령을 비난했지만 '나꼼수'가 그 이상의 사회적 의미와 가치를 지니려면 왜 그가 그리했는지 구조적 요소나 문제점을 시민들이 이해할 수 있게 해야 합니다. 그런 관점에서 '나꼼수'가 변화를 위한 사회 시스템을 만드는 데는 한계가 있습니다. 그래서 '나꼼수'를 차라리 정치오락쇼라 하고 싶습니다. 본질적으로는 그러한 문제가 발생하게 된 원인을 밝히는 분석을 하지 않았으니까요.

현실적으로 대통령을 조롱하기보다는 확고한 일종의 시민 커뮤니티를 형성하는 것이 사회를 위해 더 나은 방향일지도 모릅니다. 단단한 커뮤니티가 작동된다면 우리 사회의 많은 문제가 해결될 테니까요. 그렇다면 더는 권력자들을 조롱하는 일이 필요 없을지도 모릅니다. 우리가 단순히 정부를 비판하고 일부 권력자들을 조롱거리로 만드는 데 목표를 둔다면, '나꼼수' 같은 대안미디어는 단순한 오락거리 이상의 기능을 하지 못할 것입니다. 아울러 이것이 우리가 바라는 목표이자 지향점은 아닙니다.

현재 우리는 무엇이 잘못되었는지 알려주고 단순히 조롱하고 희화화하며 비판하는 매체들을 갖고 있습니다. '나꼼수'가 대표적 매체라고 해보지요. '나꼼수'가 생긴 뒤 세상이 많이 바뀌었나요? 정치판을 들여다보면 과거부터 이어온, 정말 상상할 수도 없는 지저분한 일들이 지금 이 순간에도 일어나고 있습니다. 사람들이 실망하는 대목이 바로 이 부분입니다. 그들이 등장했고 새로운 변화를 꿈꿨지만 정작 아무것도 변하지 않았다는 사실 말입니다.

결국 궁극적 해결점은 시민이 변해야 한다는 것입니다. 그리고 이를 위해서는 교육이 필요합니다. 일반 사람들이 이러한 시스템을 이해할 수 있도록 교육한다면, 그들은 이러한 정치적 문제를 이해할 것입니다. 그렇다면 그들은 이 문제들을 어떻게 풀지, 시민의 역할이 무엇인지 이해할 수 있지 않을까요?

그 대안을 언론과 미디어에서 찾는다면 이렇게 말할 수 있을 겁니다. 차라리 지금의 뉴스나 보도보다는 교육적인 뉴스를 만들어보는 것은 어떨까요? 쓰레기가 어떻게 모아지는지, 전기가 어떻게 낭비되는지 하는 쇼를 말입니다. 이런 쇼가 단순히 대통령을 비난하는 것보다 더 인기 있지 않겠어요? 일반 사람들이 그들의 지역에 책임감을 갖게 하고, 이웃들과 교류하게 하고, 더 나은 지역사회를 위해 아이디어를 모으고 행동하게 만드는 것이 언론의 바람직한 방향이 아닐까 생각합니다.

이러한 변화는 분명 시민에게 자립심을 길러주고, 정책 과정에서 일정 수준의 참여를 가능하게 해줄 것입니다. 이러한 변화가 실질적인 정치제도의 변화이자 언론의 개혁입니다.

Chapter **3**

대통령의 자격,
무엇이
필요한가?

프랜시스 후쿠야마|Francis Fukuyama   그레그 브래진스키|Gregg Brazinsky

프랜시스 후쿠야마는 미국 국무부 정책기획실 차장, 조지메이슨대학교 공공정책학과 교수, 존스홉킨스대학교 국제관계대학원 학장을 거쳐 현재는 스탠포드대학교 석좌교수로 있다.
세계적인 미래 정치학자이자 역사철학자로 『역사의 종말』, 『트러스트』, 『정치질서의 기원』 등의 세계적 베스트셀러로도 널리 알려져 있다.

그레그 브래진스키는 조지워싱턴대학교 역사&국제관계학 교수다. 미국 내 동아시아 전문가로 널리 알려져 있으며 1999년부터 2000년까지 고려대 아세아문제연구소에서 방문 연구원으로 있었다.

아웃사이더 전성시대

임마누엘 페스트라이쉬   최근 한국의 정치에서는 아웃사이더가 전성시대를 맞이했습니다. 이는 다른 나라에서는 쉽게 찾아볼 수 없는 현상입니다. 2002년에는 노무현이 대통령에 당선되었습니다. 그는 한국에서 일반적으로 요구되는 정치적 경제적 배경을 갖추지 못한, 아웃사이더에 속하는 인물이었습니다. 최근에는 박원순 서울시장과 안철수 서울대 융합기술대학원장 같은 인물이 그 맥을 잇고 있습니다. 특히 안철수의 경우 정치 경험이 전혀 없는 상황에서 대선주자로 나섰습니다. 그리고 적절한 환경만 조성된다면 실제로 그가 대통령에 당선되는 일도 전혀 불가능한 일처럼 보이지 않습니다. 이러한 현상을 어떻게 보시는지요?

프랜시스 후쿠야마   미국에서도 일부 아웃사이더가 꾸준히 정치권력에 도전해왔고, 때로는 대중에게서 상당한 지지를 얻기도 했습니다. 가장 일반적인 패턴의 하나는 사업을 하면서 명성을 얻은 아웃사이더가 대중 앞에 나서서 자신의 사업 경험을 바탕으로 좀 더 효과적으로 정부를 운영할 수 있다고 주장하는 것입니다. 미국에서 그런 인물의 사례로는 캘리포니아 주지사 선거에 출마한 이베이 창업자 멕 휘트먼Meg Whitman이나 일렉트로닉데이터시스템스

EDS 창업자이자 억만장자인 로스 페로Ross Perot 등이 있었습니다.

이러한 현상의 이면에는 정부가 기능하는 방식에 대한 국민의 뿌리 깊은 오해가 있습니다. 정부도 사업과 마찬가지로 효율적으로 운영할 수 있으리라는 믿음이 끈질기게 유지되어온 것이지요. 그러나 정부는 절대로 사업처럼 운영할 수 없는 구조적 요인이 분명히 있습니다. 정부는 사업체를 운영하듯이 CEO가 내리는 단 하나의 최종 결론이나 일사불란하게 명령 하달되는 관점으로는 평가할 수 없습니다. 정부는 좀 더 강력하고 다양한 외부 압력에 대처해야 하는 상황에 놓여 있습니다. 따라서 사람들이 정치에서 발견하는 비효율적 면모 중 많은 부분이 사실은 정치인과 CEO의 역할이 구조적으로 서로 다르다는 사실과 관계있습니다.

사람들이 기존 시스템 밖에서 온 것처럼 보이는 아웃사이더로 눈을 돌리는 또 다른 배경에는 기존 제도, 즉 정당과 정부에 대한 큰 실망감이 있습니다. 나라마다 상황은 다르지만, 문제는 기성 정치 시스템이 기존의 거대 갑부, 대기업, 은행, 기타 특수 이해집단에게 빚을 너무 많이 지고 있다는 인식이 광범위하게 퍼져 있다는 것입니다.

따라서 기성 정치인 중에서 누군가를 뽑아봤자 그러한 이해관계에서 자유롭지 못할 테니 그들에게 신세를 지지 않는 아웃사이더 중에서 선택해야 한다는 논리가 성립하는 것입니다. 즉 자수성

가한 어떤 부자를 찾아낸다면, 그 사람은 이러한 이해관계에서 오는 압력에서 자유로운 경제적 기반을 가진 셈입니다. 따라서 아웃사이더에 대한 환상은 어쩌면 보편적 현상인지도 모르겠습니다.

그레그 브래진스키 한국 사람들이 정치문외한인 아웃사이더에게 의지하는 원인은 미국인이 정치문외한에게 기대는 원인과 비슷합니다. 정치에 대한 좌절감, 현재의 정당과 외교정책에 대한 불만족 등이 주된 원인입니다.

한국은 긴 역사에 비해 민주주의를 도입한 지 얼마 되지 않았기 때문에 아웃사이더 등장 사례가 그리 많지 않았습니다. 더욱이 1992년까지 한국의 정치는 군정 아래 있었으며, 국내 분열은 주로 보수적 군부세력과 친(親)민주주의 세력 사이에 일어났습니다. 지난 20년간 남한의 민주주의는 역동적으로 다양하게 발전했습니다. 이러한 배경을 바탕으로 다양한 정치세력이 부상하기에 적합한 환경이 만들어졌습니다. 안철수의 상승세는 흥미를 끎과 동시에 여러 관점에서 남한의 정치사에 유례없는 현상을 보여주고 있습니다. 권력 기득권의 틀 밖에서 출몰한 이 아웃사이더가 얼마 동안 영향력을 유지할지 살피는 것은 매우 흥미로운 일입니다. 다만 현재로서는 안철수의 영향력이 어느 정도인지 또 얼마나 지속될지 단정하기는 이릅니다.

임마누엘 페스트라이쉬   저는 무엇보다 이러한 아웃사이더가 실제로 성공을 거둔 사례가 있는지 궁금합니다. 최근 역사에서 진정한 아웃사이더가 나타나 정부를 성공적으로 운영하고 질서를 되찾은 사례를 찾을 수 있을까요? 아니면 필연적으로 이러한 노력은 기성 정치 시스템에 묻혀 실패로 돌아갈 수밖에 없을까요?

프랜시스 후쿠야마   미국의 경우, 아웃사이더가 정계에서 중심역할을 한 최근의 사례로는 백만장자 배우에서 주지사에 당선된 아널드 슈워제네거Arnold Schwarzenegger가 있습니다. 슈워제네거가 캘리포니아 주지사에 당선된 것은 그레이 데이비스Gray Davis 주지사가 주민 소환된 이후 성급히 치러진 선거에서 이뤄낸 예상치 못한 결과였습니다. 그러나 아웃사이더로서 누린 모든 과시적 요소와 상당한 스킬에도 불구하고 슈워제네거는 비교적 빠르게 인기를 잃고 말았습니다. 슈워제네거가 특별선거에서 승리를 거두었을 때만 해도 시민들은 유명배우로서 카리스마가 대단한 그에게 기대가 컸습니다. 슈워제너거는 대중에게 인지도가 매우 높았으며 가장 비정치적인 정치인이었습니다.

비정치적인 정치인이라는 점에서는 안철수와 매우 유사합니다. 그는 인지도에 비해 개인적 상황이 대중에게 널리 알려지지 않았는데, 이러한 것이 그에게 매우 유리하게 작용했습니다. 그는 보수와 진보 모두에게 매력적이었으며 일종의 다리와 같은 이미지를 갖고 있었습니다. 그러나 그의 경험은 정치인이자 주지사로서의 경험과는 거리가 있었고, 결과적으로 그의 정치적 노력은 성과를 거두지 못했습니다.

당시 경험이 던져주는 교훈은 슈워제네거 정도의 지명도와 카리스마를 가진 아웃사이더조차 이전 주지사가 처했던 것과 똑같은 문제에 봉착하면서 실패를 겪었다는 사실입니다. 그 이유가 무엇이었을까요? 지금 돌이켜보면, 그의 정치 전략은 주정부의 기성 권력자들을 제쳐놓고 사람들에게 직접 호소하는 것이었습니다. 재임 초기에는 그런 방식이 어느 정도 성공을 거두었으나 결국 그도 여느 정치인과 마찬가지 문제에 봉착했습니다. 즉 국가 재정적자를 정상화하기 위해 정부 지출 예산을 삭감하려고 했는데, 이로써 그는 정치 권력자들의 이해에 정면으로 반하는 태도를 취할 수밖에 없었습니다. 그리고 이러한 정치 권력투쟁의 결과 슈워제네거 역시 임기 말에는 다른 직업 정치인과 마찬가지로 인기를 잃고 말았습니다.

그레그 브래진스키 한국과 미국에서 정치적 아웃사이더가 매력적으로 보이는 이유는 역설적이게도 이들이 자신의 정치적 관점을 전부 드러낼 필요가 없었기 때문입니다. 이 때문에 사람들은 대부분 이들을 잘 포장된 선물꾸러미처럼 생각합니다. 그런데 문제는 그 안에 있는 것이 매력적이냐가 아니라 그 안에 무엇이 있는지 알지 못한다는 사실입니다. 즉 이들은 선물꾸러미 안에 자신의 희망사항을 반영할 그 무엇이 들어 있으리라 기대합니다. 하지만 대부분 포장을 뜯는 순간 대중은 실망했습니다.

제시 벤추라Jesse Ventura는 미네소타 주지사로 당선되었습니다. 그는 근육질 몸매를 자주 드러내며 일종의 '할 수 있다'는 이미지를 대중에게 호소했고, 유권자들은 이에 매료되었습니다. 하지만 그는 주의원으로서 성공적이지 못했습니다. 그는 선거가 끝난 뒤 얼마 되지 않아 정치에 환멸을 느꼈으며 유권자들 또한 그에게 환멸을 느꼈습니다. 그는 재선에 도전하지 않았습니다. 이러한 현상은 기존 정치권에 염증을 느낀 시민들이 외부인을 통해 비현실적인 기대를 하는 데서 비롯합니다.

미국 역대 최고 대통령 세 사람

임마누엘 페스트라이쉬　결국 안철수 현상과 같이 아웃사이더에 대한 시민의 기대와 갈망은 새로운 정치에 대한 희망의 메시지로 해석할 수 있습니다. 한국의 경우, 그 열망이 성공한 사업가이자 정계의 아웃사이더인 안철수를 대통령 후보로 지지하는 움직임으로 표현되고 있는 것이고요. 그런 측면에서 아웃사이더의 등장 배경을 이야기했으니 지금부터는 민주주의 제도에서 이상적인 리더란 무엇인가로 주제를 바꿔 이야기하면 좋겠습니다.

프랜시스 후쿠야마   비전을 제시함으로써 국민을 하나로 통합하는 능력을 갖춘 리더의 출현을 바라는 것이 합리적인 일이라고 생각합니다. 이러한 모습을 갖춘, 미국 역사상 위대한 대통령을 셋 꼽아보라면, 주저 없이 시어도어 루스벨트Theodore Roosevelt, 프랭클린 루스벨트Franklin Roosevelt, 로널드 레이건Ronald Reagan을 들겠습니다. 그들은 단지 유권자들이 좋아하는 것을 기계적으로 따른 것이 아니라 차별화되고 비전적인 의제를 먼저 제시하고 그것을 실현해가는 과정에서 대중의 지지를 이끌어냈기 때문입니다.

레이건의 경우를 얘기해보지요. 레이건 재임 시절 하원에서 공화당은 제2정당이었습니다. 따라서 레이건은 언제나 민주당과 함께 국정을 수행할 수밖에 없었습니다. 그럼에도 그는 감세와 세제 개혁 법안을 통과시켰습니다. 이는 그가 기존의 정치적 실세를 뛰어넘어 곧바로 대중에게 호소하는 능력을 갖고 있었기 때문입니다. 그는 1984년 선거에서, 미국이 새로운 황금기의 시작점에 있다고 주창하면서 이를 기반으로 모든 시민이 하나가 되어 새로운 시대를 향해 나아가자고 주장했습니다.

이러한 레이건의 주장은 국민의 삶에 강력하게 동기를 부여했습니다. 그는 시민들에게 레이건 혁명 시대의 강력한 리더로 인식되었습니다. 그는 좀처럼 보기 어려운 소통 능력을 갖춘 사람이었습니다. 단 몇 단어로 국가 비전을 표현함으로써 게임의 규칙을 바꾸는 능력을 갖추고 있었습니다.

레이건은 그런 소통의 힘으로 재임 기간에 공공정책에 상당한 변화를 이뤄냈습니다. 즉 그가 성공을 거둔 핵심요인은 아웃사이더로서의 관점이 아니라 원하는 바에 관한 비전을 일관되게 제시하는 능력이 있었고, 대중에게서 정치적 지지를 끌어낼 정도로 간결하고 힘 있게 비전을 전달하는 소통력이 있었기 때문입니다. 대안적 비전을 그렇게 표현할 줄 아는 것이야말로 혁신적 리더가 되는 비결입니다.

시어도어 루스벨트는 진보시대에 미국 연방정부의 현대적 기초를 다지는 데 핵심적 역할을 했을 뿐 아니라 미국의 새로운 국가 시스템을 발전시켰습니다. 이러한 발전은 단순히 과거 정부보다 바뀌는 수준이 아니었습니다. 과거 정부와는 다른, 과거에는 볼 수 없었던 새로운 정부로 진화시켰습니다.

그는 환경파괴에 대항하고 가진 자들, 즉 기존 권력에 저항하는,

역사에 남는 대통령 중 한 명입니다. 그는 국가의 초석이 되는 다양한 국가정책과 제도를 구축했습니다. 그중 하나가 국립공원 시스템입니다. 이 시대를 사는 사람이라면 국립공원 시스템이 뭐 그리 대단한 것이냐고 반문할 수도 있습니다. 하지만 당시로 본다면 이는 친환경적 측면과 문화적 측면에서 매우 획기적인 정책이었습니다. 환경이라는 그의 비전은 국립공원을 150개나 만들어냈습니다. 그리고 그의 비전 아래 미국뿐 아니라 세계에서 수없이 많은 생태공원이 생겨났습니다. 이는 정부만이 할 수 있는 매우 긍정적인 일입니다. 아울러 당시로서는 새로운 정부의 모습이자 역할이었습니다.

루스벨트는 또한 미국식 복지국가의 기초 요소를 마련했습니다. 그는 다수 시민이 우선이 되는 정부를 지향했습니다. 이러한 비전은 예를 들어 식품과 의약품에 대한 안정성에서 엄격한 규제와 법규를 만들어냈습니다. 현재 미국의 강력한 식약품 규정은 당시 정부가 기업의 이익보다는 국민의 권익을 우선시한 결과물입니다. 이 모든 것이 그의 비전과 소통 능력으로 만들어진, 과거와는 다른 새로운 결과물입니다.

루스벨트는 기업의 이익을 대변하던 보수정당을 일반 시민을 보호할 수 있는 강력한 규제를 만드는 시민의 정당으로 변화시켰습니다. 이러한 일은 그를 지지하는 새로운 보수정당의 탄생이라고 볼 수도 있으며, 새로운 보수정당의 진화로까지 이야기할 수 있습니다. 미국의 보수정당은 루스벨트를 기점으로 이전의 보수정당과 이후의 보수정당으로 나눌 수 있다고 하는 사람도 있을 정도니까요. '일반 시민이 평등한 대우를 받을 수 있는 정부' 정신이 지금 미국의 정치철학을 만들었습니다.

프랭클린 루스벨트는 또 다른 정치천재로 미국 복지 시스템의 토대를 만들었습니다. 그는 신체적으로 장애가 있음에도 긍정적인 정신과 강한 자신감을 갖고 있었습니다. 미국 경제사 중 최악의 시점인 대공황 직후 대통령의 자리에 올랐지만 "우리는 두려움 그 자체를 제외하곤 두려워할 것이 없습니다"라는 명언을 남기며 국민에게 강한 용기와 자신감을 심어주고 위기에 빠진 미국을 정신적으로 이끈 훌륭한 지도자입니다.

그가 라디오를 통해 국민과 소통하는 방식이었던 '노변담화 fireside chats'는 당시 수백만 명이 듣고 용기를 얻었으며 지금까지도 회자되는 훌륭한 소통 방법입니다.

정부 고용을 통한 실업자 구제, 경제성장, 금융권과 일부 기업에 대한 규제를 통한 개혁 등은 매우 혁신적이며 획기적인 경제정책입니다. 하지만 무엇보다도 가장 훌륭한 점은 민주당(진보정당)을 혁신한 것입니다. 그간 민주당은 많은 면에서 극단적인 보수의 모습을 보였습니다. 예를 들면 극단적인 인종차별주의가 성행하던 남부지역에서 지지받은 것이 그러한데요. 그는 매우 강력한 비전을 제시하며 민주당의 변화를 이끌었습니다.

그 결과 미국의 노동조합, 중대형 도시의 정치인과 일부 지역의 보수 정치인, 흑인과 소수 인종을 하나로 묶는 데 성공했습니다. 그동안 서로 화합하지 못하고 갈등만 반복하던 그룹을 기반으로 뉴딜정책을 강력하게 집행하고 이전에 볼 수 없었던 민주당 개혁을 현실화했습니다. 그뿐만 아니라 국제무대에도 강력한 비전을 제시해 세계대전 이후 독일 지원, 국가연합 설립, 브레턴우즈 체제 설립 등을 실현했습니다.

두 명의 루스벨트가 이러한 업적을 이룰 수 있었던 것은 세부사항에 주의를 기울였다거나 통치활동에 기술전문가를 중용했기 때문이 아니라 더 큰 비전을 제시하고 사람들에게 그 가치를 받아들이도록 설득했기 때문입니다. 이러한 정치 방식은 의회제도보다는 대통령중심제에서 더욱 뚜렷이 찾아볼 수 있습니다. 이러한 대통령제의 장점은 대통령만 올바로 선택할 수 있다면 각 정당이나 입법기관을 뛰어넘어 대중에게 직접 설득함으로써 더 큰 국민적 공감대를 이끌어낼 수 있다는 것입니다.

그레그 브래진스키　여론을 어떻게 만들어내느냐는 정치지도자의 매우 중요한 자질입니다. 정치지도자가 여론을 형성하는 데 중요한 요소가 두 가지 있습니다. 먼저 효과적인 의사소통입니다. 후쿠야마 교수님이 말씀하신 미국의 레이건 대통령이 모범 사례입니다.

두 번째는 시민들의 실질적인 생계를 개선하는 것입니다. 저는 오바마 정부가 성공하지 못했다고 생각합니다. 실패 요인 중 하나는 오바마 개인의 뛰어난 스토리텔링에도 불구하고 대통령으로서 제시한 정책은 대중의 기대에 부합하지 못한 것입니다. 실업률은 여전히 매우 높고 재무 건전성은 지속적으로 악화되고 있습니다. 결과적으로 오바마 대통령의 현재 지지율은 50% 미만이며 재선에 성공하려면 고군분투해야 할 상황에 처해 있습니다.

이런 면에서 박정희 대통령의 사례는 매우 흥미로운 소재입니다. 그는 권력을 얻고 유지하기 위해 비민주적 정부, 정치체제를 유지했는데도 지지율이 대단히 높았고 지금도 그에 대한 평가는 논쟁의 중심에 서 있기는 하지만 긍정적입니다. 그가 추진한 정책이 경제적으로 매우 효과적이었으며 그 자신이 카리스마 있는 모습으로 사람들의 신뢰를 얻었기 때문입니다.

현재 중국에서도 이와 비슷한 현상을 볼 수 있습니다. 다수의 중국인에게 민주주의는 제1의 필수조건이 아니며 공산정부 지도 아래 경제적으로 더 나은 생활을 영위하는 것이 자유롭고 공정한 선거보다 가치 있는 일이라고 설득당하는 것처럼 보입니다.

다만 경제성장 방법 면에서는 생각해볼 문제가 있습니다. 19세기 말, 미국의 대기업은 경제성장의 원동력이었습니다. 문제는 이 대기업들이 지나치게 강력해짐으로써 결과적으로 중소기업과 새로운 경쟁사의 성장을 제한했다는 것입니다. 시어도어 루스벨트 대통령은 대기업의 시장 지배를 반대함으로써 '트러스트 파괴자 trust-buster'로 유명해졌습니다.

마찬가지로 한국에서는 재벌이 경제성장의 원동력이었습니다. 하지만 결과적으로 재벌의 힘이 너무 강해졌습니다. 따라서 루스벨트의 정치를 참고할 필요가 있다고 생각합니다. 삼성과 현대 등 한국의 대기업이 계속해서 발전하기를 기원하지만 이와 동시에 한국 정부가 재벌의 영향력에 주의를 기울이고 중소기업에게 폭넓은 기회를 제공해야 한다고 봅니다.

임마누엘 페스트라이쉬 앞서 말씀하신 좋은 리더와 정치에 반해 경계해야 할 정치 리더의 특징 가운데 하나가 포퓰리즘입니다. 포퓰리즘이라는 이슈는 동서양을 막론하고 뿌리가 깊으며 공산주의와 파시즘에서 왜곡된 형태를 발견하게 됩니다. 김일성은 포퓰리즘적 대중 호소의 대가였습니다. 시간이 지날수록 일반 대중에게서 멀어지기는 했지만 말입니다. 우리는 이런 정치 리더들의 포퓰리즘에 대해 어떻게 대처하고 경계할 수 있을까요?

프랜시스 후쿠야마   그들의 권력남용을 피할 수 있는 특별한 묘책은 없습니다. 그래서 민주주의에서는 훌륭한 리더를 선출하는 것이 가장 중요합니다. 역사상 여러 차례에 걸쳐 정치 시스템을 쇄신하고 바람직한 방향으로 움직이는 과정에서 포퓰리스트에 대한 시민의 분노가 필요했습니다.

예를 들면 대공황 이후 미국인은 큰 절망에 빠졌을 뿐 아니라 주식시장과 은행 시스템의 붕괴를 야기한 경제 상황에 크게 분노했습니다. 루스벨트 대통령은 상당 부분 그러한 분노를 동력으로 삼아 미국을 재건하기 위한 건설적 정책을 펼치는 한편, 사회보장과 같은 혁신적 제도와 문제 해결 가능성을 제시한 규제제도를 도입할 수 있었습니다. 역설적이지만 위기가 없었다면 그런 혁신은 불가능했을 것입니다.

그러나 잘못된 리더십 아래에서는 똑같은 분노가 훨씬 파괴적인 결과를 낳을 수 있습니다. 최근 미국 정치에서 흥미로운 발전의 하나는 금융위기와 뒤이은 긴급구제에 대한 대중의 분노가 월스트리트에 대한 분노로 이어졌다는 점입니다. 그러나 좌파 대중운동에 자양분이 될 것으로 생각한 그러한 에너지가 오히려 우파 대중운동을 촉발하는 결과로 나타났습니다. 그 결과 분노의 방향은 주로 골드만삭스를 비롯한 월스트리트 인사들을 감싸려고만 한 오바마 대통령과 그 행정부로 향했습니다.

이런 일련의 진행과정은 매우 기이해서 도무지 이해할 수 없을 정도입니다. 이런 인식의 단절이 불거져 나온 원인은 무엇일까요? 사람들은 월스트리트에게 크게 분노했지만, 여전히 동일한 금융 기관에 포섭되어 있는 보수파 정치인에게 표를 줍니다. 포퓰리즘의 속성은 때로는 올바른 대상과 올바른 해결책을 향해 발휘되기도 하지만, 그렇지 않을 때도 있다는 것입니다. 양자의 차이는 그러한 분노를 올바른 비전과 연결할 줄 아는 정치 지도자를 확보하고 있느냐는 것입니다.

그레그 브래진스키　　포퓰리즘은 대부분 정치인들이 필요에 따라 자신들과 부자, 권력자 사이에 선을 긋고 자신들이 일반인의 편을 들고 있다고 보여주기 위한 일종의 장치이자 도구입니다.

정당 없는 민주주의를 상상하다

임마누엘 페스트라이쉬　　아웃사이더의 등장으로 시작해서 민주주의의 이상적 리더의 모습에 대해 이야기했습니다. 크게는 민주주의의 정치적 틀과 관련된 이야기였습니다. 그렇다면 정당 이야기를 빼놓을 수 없어 보입니다. 최근 한국에는 정당이란 그저 도둑놈으로 가득 차 있는 곳처럼 여겨지는 분위기도 있는 것 같습니다. 이러한 사회 분위기에 대해서는 어떻게 생각하십니까?

프랜시스 후쿠야마　민주주의 체제에서 정당은 일정한 역할을 하는 데 그치지 않습니다. 그들이 절대적으로 필요하다고 생각합니다. 여러 이해관계를 조직화할 뿐만 아니라 특정 이해집단의 호소를 뛰어넘는 일관된 조직화를 이뤄내는 역할을 합니다. 단일 이해집단은 결코 정치에서 반드시 필요한 거대 이슈, 예를 들어 '자유무역' 대 '특정 집단의 이익 보호' 같은 이슈에서 국민적 타협과 합의를 이끌어낼 수 없습니다. 좋든 싫든 정당만이 그런 거래를 성사시킬 수 있습니다. 어쨌든 정당을 초월해서 살 수 있다는 생각은 환상에 지나지 않습니다.

정당이 권력을 잡는 데만 골몰하는 것을 보면 그런 생각이 지배적인 것도 어느 정도 이해됩니다. 정당은 대부분 어쩔 수 없이 단기 권력투쟁에 함몰되어 장기적 비전을 망각하고 정책 이슈에 집중하지 못하기 때문입니다. 따라서 사람들이 정당을 싫어하는 데는 그만한 이유가 있는 것이지요.

그러나 앞서 말한 것처럼 정당이 없다면 정책을 결정하기 위해 다양한 이해집단에 귀 기울이는 일이 불가능합니다. 그것은 여전히 정당이 해야 할 필수 역할입니다.

임마누엘 페스트라이쉬   시민이 기대하는 이상적인 정당의 모습과 현실 사이에는 간극이 있다는 생각이 드는데요. 즉 정당은 권력을 잡아야 한다는 단기적 관점 때문에 한계를 가질 수밖에 없고 시민은 이를 넘어서 더 큰 비전을 제시하는 정당을 기대한다는 차이점 말이죠.

프랜시스 후쿠야마   모든 대중적 리더가 정치와 무관하게 지내고 싶어하지만 이내 그럴 수 없다는 사실을 깨달을 것입니다. 그래서 권력을 유지하고 무언가를 성취하려면 정당을 조직할 수밖에 없을 것입니다. 그것을 무엇이라고 부르든 말이죠. 사람들이 생각하는 '반정치적' 환상은 결코 이루어질 수 없습니다. 정당이 필요 없다고 생각하는 사회주의자가 많았습니다. 하지만 성공을 거둔 사회주의 그룹이야말로 정교한 조직의 힘을 이해하고 강력한 정당 구조를 창출해냈습니다. 조직과 계급은 볼셰비키와 중국 공산당이 부상하는 데 핵심요인이 되었습니다.

마찬가지로 공산주의가 몰락한 이후 동유럽의 민주주의 활동가들은 시민사회의 힘만으로도 국가를 운영할 수 있다고 생각했습니다. 그러나 그것은 환상에 불과하다는 것이 드러났습니다. 결국 앞선 이상주의자들도 정당을 구축해서 다른 이들과 마찬가지로 선거전에서 열심히 싸우는 데 시간을 쓸 수밖에 없었습니다. 그것이 바로 세상살이이자 현실입니다.

정당은 정치참여를 이끌어내고 조직화하는 수단입니다. 이에 반하는 대안은 그것이 무엇이든 매우 위험합니다. 물론 베니토 무솔리니Benito Mussolini처럼 총선거를 실시해 대중의 의견에 호소하는 카리스마 넘치는 리더도 있었습니다. 그러나 앞에서도 말했듯이 결국 한 개인에게 권력이 무제한으로 집중되는 현실을 그간의 많은 역사 과정에서 지켜봤습니다.

임마누엘 페스트라이쉬 이것이 바로 세상살이이자 현실이라는 말에 공감하면서도 실망감을 감출 수 없습니다. 시민들도 저와 생각이 비슷하지 않을까 싶은데요. 그러면 이러한 현실과 이상의 간극을 메우는 방법은 무엇일까요?

그레그 브래진스키 자신을 따르도록 사람들을 설득하는 확실한 방법은 없습니다. 하지만 지도자들은 사람들이 자신의 삶이 나아지고 있다고 느끼게 해야 합니다. 결국 보여주는 것이 가장 좋은 설득 방법 아닐까요?

프랜시스 후쿠야마　그렇습니다. 사람들을 설득하는 가장 좋은 방법은 성공을 거두는 것입니다. 정부가 어떤 일을 하겠다고 선포하고 실제로 성공을 거두면 그 과정이야 어떻든 그 자체로 정통성을 획득합니다. 그런데 이러한 성공을 이루려 할 때 가장 어려운 것은 실천입니다. 정치인은 원대한 비전을 품고 정계에 진출하지만 수백만 가지 다른 길로 몰아가는 정부의 현실과 마주합니다. 그러한 난관을 헤쳐 나가지 못하면 훌륭한 업적을 쌓아 정통성을 획득하는 일에 실패하고 맙니다.

카터의 한계
그리고 대통령의 자격

임마누엘 페스트라이쉬　마지막으로 두 분께서 한국인에게 한마디 해주시죠.

그레그 브래진스키　한국과 미국의 대통령제도는 비슷한 점이 있지만, 안타깝게도 한국은 1988년 민주화가 이뤄진 뒤 아직까지 국민을 통합할 지도자를 양산하지 못했습니다. 김대중 대통령은 IMF 경제위기를 슬기롭게 헤쳐 나가고 초반 햇볕정책의 성공으로 일정 기간 국민통합을 이뤄냈으나 임기 말에는 비난을 많이 받았습니다.

루스벨트와 레이건 또한 적이 있었고 상당한 비난을 받았지만 민주주의 초기 남한 대통령들에 비해 주요한 시점에서 국민통합을 이뤄내는 데 성공적이었습니다. 이번 대통령선거에서 무엇보다 국민의 마음을 하나로 묶고 원대한 비전을 펼칠 수 있는 훌륭한 리더를 선택하길 기원합니다.

프랜시스 후쿠야마 앞서 대통령 세 분을 좋은 리더의 예로 설명했습니다. 마지막은 그 반대의 예로 마무리하려 합니다. 카터 대통령은 집권 시절 정치공학적 사고방식에 매력을 느낀 것으로 보입니다. 즉 주어진 정치체제에서 최적의 공공정책을 어떻게 개발하느냐가 관건이라는 생각을 한 것입니다. 그런 통치자는 올바른 정책이 무엇인지 가장 훌륭한 기술적 조언을 듣고 싶어하며, 실제로 그런 조언에 집중합니다.

그러나 리더 역할의 핵심은 조언을 듣는 것이라기보다는 정치체제를 통해 정책을 구현하는 것이며 유권자와 관료 모두에게서 지지와 실천을 이끌어내는 것입니다. 정치적으로 끔찍하게 실패하는 요인은 대부분 원대한 비전을 수립하고 그것을 모든 사람에게 설득하기보다는 시시콜콜한 세부사항이 더 중요하다고 믿기 때문입니다.

2012년 선거에서 뽑힐 한국의 새로운 대통령은 앞서 예를 든 미국의 대통령 세 분과 같이 원대한 비전을 수립하고 국민 모두와 소통하기를 기원합니다.

Chapter **4**

남과 북,
통일의
길목에서

존 페퍼John Feffer 로렌스 윌커슨Lawrence Wilkerson

존 페퍼는 정책연구소(Institute for Policy Studies) 공동이사이다. 미국 내 정치 외교 전문가로서 특히 남북문제 전문가로 널리 알려져 있다. 저서로는 『크루세이드 2.0, 북남한(Crusade 2.0, North Korea/South Korea)』 등이 있다.

로렌스 윌커슨은 미국 국방장관 콜린 파웰의 보좌관. 윌리엄앤메리대학교 교수를 지냈고 현재는 조지워싱턴대학교에서 국제안보문제를 가르치고 있다.
미국에서 유명한 국제외교·정치 전문가로, 저서로는 『조지 부시 행정부(The First George W. Bush Administration)』가 있다.

미국!
너만 빠지면 돼!

임마누엘 페스트라이쉬　남한과 북한의 갈등은 한국전쟁 이후 계속되어왔고 앞으로도 쉽게 해결될 것 같지 않습니다. 이러한 문제에 대해 남북의 지도자나 정부를 비난할 수도 있고 미국이나 중국을 비난할 수도 있습니다. 하지만 누구를 비난할 것인가 하는 문제를 넘어서 해결책을 찾는 관점에서 본다면 개인이나 집단이 바꿀 수 있는 한계를 넘어선 것처럼 느껴집니다. 미국의 외교안보 전문가이신 두 분은 이 문제의 해결점을 어떻게 찾을 수 있다고 보십니까?

존 페퍼　과거 남북한 관계에서 효과 있는 방법은 공통의 이해를 파악하는 것이었습니다. 그런 접근방식의 대표적인 예가 개성공단이며, 이는 분명히 효과가 있었습니다. 이 프로젝트는 상당히 잘 진행되었으며 지난 4~5년간 남북관계가 악화되었는데도 여전히 지속되고 있습니다. 그것이 남북한 모두에게 이익을 안겨주기 때문입니다.

북한에게 개성공단은 매우 중요한 고용 기회인 동시에 재정난에 처한 경제에 짭짤한 현금 수입원이 되고 있습니다. 남한에게 개성공단은 자국 중소기업이 중국 기업에 경쟁력을 유지할 수 있는 좋은 수단입니다. 특히 중국이 지금까지 생산단가라는 강력한 무기로 한국의 중소기업을 강하게 압박했다는 점에서 개성공단은 매우 매력적인 공간입니다. 개성공단은 북한식 벤처로 볼 수 있을 만큼 매력적이며 성공적인 모델입니다.

로렌스 윌커슨　페퍼 교수님이 말씀하신 개성공단 이야기부터 해야겠군요. 개성공단은 전반적으로 뛰어난 전략이었으며 2002년 국무장관 콜린 파월Colin Powell 또한 개성공단이 대단한 전략이라고 했습니다. 저는 파월 장관에게 이 사업이 매우 잘 계획되었다고 했습니다. 이는 궁극적으로 북한을 설득하기 위한 좋은 정책이라는 것이지요. 이 전략의 장기 목표는 결국 북한인이 어느 날 문득 자신들이 남한의 경제·금융 체계의 일부가 되어 있음을 깨닫게 하는 것이지요.

더 나아가 이 전략을 통해 북한인은 개성공단에서 생산되는 제품과 공단의 경제적 잠재력에 매료되어 시간이 지날수록 시장 자유화를 지속할 수밖에 없을 것입니다. 오로지 정치적 생존만이 목적인 상대와 대화하기가 얼마나 어려운지 압니다. 이러한 대화에서 가장 중요한 자세는 인내입니다. 인내가 필요합니다.

개성공단사업은 참신한 아이디어입니다. 10년 전 남한의 장군,

외교관, 정책가들과 대화를 상당히 많이 했습니다. 예측가능한 문제점을 언급했을 때, 그들은 웃으며 "그러한 상황에 대처할 수 있습니다"라고 반응했습니다. 이러한 변화는 고통스럽고 모순점이 있지만 가장 중요한 것은 결국 전진하는 것입니다.

그러나 이러한 남북 협업 이상의 문제를 거론하고 싶습니다. 이는 조금 다른 관점에서 본 해결안이자 다소 파격적인 제안인데요. 부시 정부 시절 국가에 중요한 역할을 한 미국인으로서 이런 얘기를 하는 것이 다소 논란의 여지가 있지만 말입니다. 정치적으로 수용될지는 미지수지만 해결책을 말씀드리겠습니다. 비록 이 제안을 미국 정부가 빠른 시일 안에 수용하지는 않겠지만 토의할 가치가 충분하다고 봅니다. 간단히 말해 남북문제 해결과정에서 미국을 제외하는 것입니다. '미국을 제외'한다는 말이 곧 남한에서 미군을 없애자는 것은 아닙니다. 이는 나중에 밟을 단계입니다.

첫 단계는 미국이 북한과 대화할 때 초점을 핵무기나 원자력 외의 이슈로 돌리고, 미국 스스로 이 대화의 중심에서 벗어나는 것입니다. 미국은 미국의 안보라는 명목 아래 동북아시아와 아시아 전체에 너무 많이 관여해왔습니다. 이제는 그들 스스로 문제를 풀어가도록 만들어주어야 합니다.

미국의 지속적인 간섭 없이 남북이 토론한다면 햇볕정책이건 다른 방법을 통해서건 협상과 통일로 이어지는 방법을 찾아낼 것입니다. 남북이 스스로 문제를 해결해야 합니다. 일반인은 잘 모르 겠지만 그동안 미국은 한국인이 스스로 미래를 결정하려는 시도 를 지속적으로 간섭했습니다.

미국은 한국을 우방의 관점에서 지원해야 하고 또 지원할 수 있 지만 현재까지 보여준 방해와 간섭 방식을 지속해서는 안 됩니다. 만약 한국에 외부의 힘이 필요하다면 그것이 중국이 되었든 러시 아가 되었든 또는 일본이 되었든 그 결정은 한국의 몫이 되어야 합니다. 그것만이 통일을 이룰 가장 현실적인 방법입니다. 미국은 지속적으로 이러한 작업을 망쳐놓았습니다. 가장 대표적인 예로 6 자회담을 들고 싶습니다. 위의 국가들을 6자회담에 참여하라고 요 구한 것이 바로 미국입니다.

임마누엘 페스트라이쉬 월커슨 교수님의 이야기는 매우 파격적 입니다. 그렇다면 그동안 남북관계에서 최대 문제국은 미국이었 다는 말로 들리는데요. 좀 더 상세한 설명이 필요합니다.

로렌스 월커슨 한 가지 문제점은 한국인을 대하는 미국의 거만 한 태도입니다. 문제는 미국 대표들이 더욱 거만해지고 있다는 것 입니다. 오바마 정부가 상황을 개선할 것이라고 믿었는데 오바마 주위에 있는 인물들은 한국과 세계 여러 나라에 더욱 거만한 태도를 취했습니다. 힐러리 클린턴Hillary Rodham Clinton은 그러한 거만함을 잘 포장하지만 외교과정에서 미국인은 대부분 한국인이 현장에서 겪는 문제에 접근하거나 문제를 수용하려는 자세를 갖추지 않았습니다.

또 다른 문제점은 미국인이 거시적 안목을 갖지 못했다는 것입니다. 예를 들면 시리아, 이란, 이스라엘 등 중동문제만 보더라도 그들이 이러한 문제들을 얼마나 미시적 관점에서 생각하는지 알 수 있습니다. 부끄러운 이야기지만 저 역시 동북아시아 국가의 발전 기저에서 여러 가지를 고려할 수 있는 거시적 관점을 갖지 못했습니다. 이는 곧 미국이 인식하는 자국의 이익, 즉 미국의 이익을 넘어서 국제적·거시적 시야를 갖지 못했다는 말입니다.

미국이 갖고 있는 가장 비극적인 문제점은 '안보 국가'에 대한 집착이라고 생각합니다. 미국은 외교정책에서 다른 안건은 신경 쓰지 않고 '안보 국가'에 과도하게 집중합니다. 결국 미국의 국가 안보관 때문에 신뢰관계에 있는 다른 나라들과 효과적으로 일하면서 타협점을 찾거나 해결책을 내는 데 문제가 많이 생깁니다. 이러한 안보에 대한 우려는 협력관계에 있는 국가들을 동등하게 여기고 대하는 데 심각한 장애가 됩니다. 한반도 문제도 이 문제의 연장선상에 있습니다. 미국 내의 구조적 문제에 대해 심각하게 반성하지 않으면서 한반도 문제를 다룰 수 없습니다.

임마누엘 페스트라이쉬　말씀이 파격적이어서 질문이 꼬리에 꼬리를 물 수밖에 없습니다. 미국 내의 구조적 문제에 대한 상세한 설명을 부탁드립니다.

로렌스 윌커슨　'국가 안전보장 종양national security cancer'의 한 측면을 살펴봅시다. '뉴욕타임스'에 따르면 미국은 현재 무기 판매 규모에서 1위입니다. 2011년 미국의 무기 판매액은 660억 달러였는데 이는 2010년 미국이 세운 260억 달러의 기록을 깬 것입니다. 계산해보면 전 세계 인구 한 사람당 9.50달러에 해당합니다.

2위인 러시아의 무기 판매량은 미국에 비하면 쥐꼬리만 한 40억 달러였습니다. 이것은 믿기 힘든 수치입니다. 미국과 같이 국가 안보사업에 깊이 연관되어 있고 무기 판매 수입이 많은 나라가 남북문제를 해결하는 데 어떤 태도를 취할 거라고 생각하십니까? 미국의 우선순위는 여러 해에 걸쳐 국가 간 관계를 발전시키는 데 필요한 다양하고 복잡한 토론이 아니라 무기를 얼마나 판매하느냐는 것입니다. 그렇기 때문에 미국이 남북대화에 간섭하지 않는 것이 최상의 대책이라고 제안하는 것입니다. 미국의 구조적 필요가 한국인이 우려하는 바와 대치된다면 남북대화에서 현실적으로 도울 것이 없습니다.

최근 이란과 미국의 불편한 관계는 미국 외교활동의 한계를 잘 보여주는 사례입니다. 미국이 이란에게 단호하고 적대적인 이유는 이란 자체와는 상관이 없습니다. 미국은 사우디아라비아처럼 이란과 의견 차이가 있는 이란 주변국이 이러한 복잡한 관계에서 미국의 무기를 더 많이 구입하기를 바랄 뿐입니다.

임마누엘 페스트라이쉬 그럼 다시 남북문제로 범위를 좁혀서 이야기해보겠습니다. 김대중 대통령이 시작하고 노무현 정권에서 계승·유지했던 햇볕정책에 대해서는 어떻게 생각하시는지요?

존 페퍼 햇볕정책 출범 초기에는 남북한이 상호 관계에서 화해 과정을 직접 헤쳐 나갈 거라는 믿음이 있었습니다. 외세의 영향력을 최소한으로 억지할 수 있다고 생각한 것입니다. 그러나 지금 돌이켜보면 그것이 너무 순진한 생각이었음을 알 수 있습니다. 남북한은 모두 국제적·지역적 환경 속에서 살아가기 때문에 외부적 요인은 이런 계획을 실현하는 데 큰 도전이 됩니다. 김대중 대통령과 노무현 대통령은 북한과의 관계 회복을 서두르면서 북한에 얼마나 많은 자금을 어떤 방식으로 제공해야 할지 엄격하게 검증하지 못했습니다. 그들은 자신들의 정책이 효과가 있음을 보여주어야 한다는 압박감에서 자유롭지 못했던 것으로 보입니다.

김대중 대통령이 자신의 정책이 옳다는 것을 보여줄 수 있는 시간은 5년밖에 없었습니다. 게다가 그는 한국 정치 기득권층의 거센 반대에 부딪혀 정책상 무리수를 둘 수밖에 없었습니다.

북한의 김정일 역시 나름대로 북한 기득권층의 저항에 부딪혔습니다. 물론 상세한 내막은 알려지지 않았지만 말입니다. 오랜 세월 적대관계를 이어온 두 기성 정치체제가 있는데 갑자기 이러한 역학관계를 바꾸겠다고 선언한 지도자가 각자 나타난 것입니다. 그러한 변화는 양국 내부뿐만 아니라 전 세계의 이목을 끌게 되었습니다. 내부에서 시작된 변화는 지역 차원의 국제적 변화를 일으켰습니다. 햇볕정책 초기 미국은 남한을 지지했으나 동북아시아에서 힘의 균형이 달라질 수 있는 모든 가능성에 대해서까지 환영한 것은 아닙니다.

미국의 정책에서 가장 중요한 것은 1년, 2년, 5년 이후의 상황을 예측할 수 있느냐는 것이었습니다. 워싱턴 정계는 잠재적 불안정을 일으키는 어떤 요소에 대해서도 크게 혼란을 느꼈습니다. 남북한이 함께 머리를 맞대고 대화를 나누면 온갖 불안정성을 야기하게 될 터였기 때문입니다. 한반도에 주둔하는 미군의 장래는 어떻게 될 것인가? 미중 관계에는 어떤 영향을 미칠 것인가? 미일 연합에는 어떤 변화가 올 것인가? 따라서 당연히 미국 측에서도 저항이 올 수밖에 없었습니다.

쉽게 말해 "자자, 너무 빨리 서두르지 말자. 우리는 한반도에서 우리의 이해가 보장될지 확실히 하고 싶다"라는 식이었습니다. 일본에게도 걱정이 있었습니다. 특히 1997년에는 대포동 미사일이 일본을 향해 발사되기까지 했습니다. 일본의 대북 여론은 급격히 요동쳤으며 납북자 문제 역시 중요한 이슈가 되었습니다. 일본은 북한 정권을 결코 신뢰할 수 없다는 말로 이 문제에 관여했습니다.

북한 편에서 보면 중국과 러시아 역시 남한과의 관계에서 상당한 발언권을 가지고 있었습니다. 그들도 경제, 안보, 정치적 이해를 가지고 있었습니다. 베이징과 모스크바는 남한의 진정한 의도에 의심을 품긴 했지만 남북대화를 지지했습니다. 남북한 관계는 이러한 지리적 배경 속에서 진행되었기 때문에 그 과정이 극도로 복잡한 양상을 띨 수밖에 없었습니다.

우리는 갑자기 여러 명이 여러 차원에서 게임을 펼치는 3차원 체스 같은 상황을 맞이했습니다. 그리고 2003년에 노무현이 대통령에 취임하여 남한 외교정책에 약간 변화를 주자 상황은 더 복잡해졌습니다. 2000년 김대중과 김정일이 정상회담을 하던 시기의 낙관적 분위기와 부시 행정부가 들어서서 더 강하고 일방적인 외교정책을 표명하면서 북한을 '신뢰할 수 없다'고 공개적으로 선언한 당시 분위기 사이에는 놀라울 정도로 차이가 있었습니다. 따라서 평양은 이러한 변화에 반응을 보였고, 남한 역시 그에 대응했습니다.

결과적으로 햇볕정책은 목적을 달성하지 못하고 좌초되었습니다. 이에 대한 두 가지 문제점은, 한편으로는 남북한의 이해에 따른 내부적 압력에서 비롯되었고, 또 한편으로는 이 지역의 양측 동맹들의 압력에서 기인했습니다. 이 두 요소가 복합적으로 작용하여 남북한 화해가 극도로 어려워진 것입니다.

로렌스 윌커슨　햇볕정책이 완벽하다고 할 수는 없었지만 미국, 특히 부시 정부가 햇볕정책에 매우 적대적 태도를 보였기에 성공할 수 없었다고 봅니다. 적을 상대할 때는 인내심이 필요합니다. 상대의 위선 없이 협상할 수 있다고 생각한다면 현실적인 외교관계에 대해 순진하게 생각하는 것입니다. 토론을 할 때 한쪽이 우위를 점하고 있다면(남한이 경제·금융·정치에서 북한보다 우위에 있다고 봅니다), 확실한 최종 목표를 염두에 두고 도량 있는 태도로 상대방의 거짓말에 신경 쓰지 않고 협상과정에 참여해야 합니다.

남한은 눈부신 경제성장을 이루었으며, 연구대상까지 되고 있습니다. 남북관계에서 우위에 있지만 이런 점에 대해 자만해서는 안 됩니다. 오히려 북한과의 협상에서 우월한 자세를 현명하게 활용해야 합니다. 한국은 안정적 위치에서 궁극의 목표인 통일을 이루기 위해 당당하게 상대의 위선적인 태도를 이겨내는 자세를 취해야 합니다. 하지만 미국과 같이 핵 문제에만 매달리는 배후세력이 있다면 이러한 자세를 유지하기가 쉽지 않습니다. 그동안 미국이 보여준 모습을 되짚어보면 의도적이든 의도적이지 않든 관계없이 북한을 부추기고 북한에 모욕감을 주려다가 자기 덫에 걸려 넘어졌습니다. 이러한 상황 때문에 햇볕정책이 진행될 수 없었던 것입니다.

주변국, 그들의 속사정

임마누엘 페스트라이쉬 두 분의 이야기를 듣다보니 주변국인 러시아, 중국, 일본, 미국 등의 이야기를 빼놓고 남북문제를 얘기하기가 매우 어려운 것처럼 느껴집니다. 앞서 말씀하신 것처럼 이들의 이해관계가 첨예하게 얽혀 있고 또 수시로 변하기도 하는데요. 한국인이 이들의 견해도 제3의 관점으로 듣는다면 매우 유익할 수 있다고 생각합니다.

로렌스 윌커슨 러시아는 일단 큰 관심을 두지 않는 것처럼 보입니다. 러시아로서는 지리적으로 극동 시베리아 지역과 관련된 부분인데요. 푸틴 정권은 극동 시베리아 발전을 망설이고 있습니다. 어째서 자원이 풍부한 이 지역을 개발하는 데 머뭇거릴까요? 이 지역을 중국인이 장악하고 있기 때문입니다. 정착할 만한 땅을 찾아 몰려드는 중국인에게만 이익이 될 곳을 개발하고 싶지 않기 때문입니다.

푸틴은 중국인에게만 도움이 될 기반시설을 개발하고 싶지 않은 것입니다. 오히려 급격히 늘어나는 러시아 내 중국인과 균형을 맞추도록 서쪽 시베리아를 개발하려고 합니다. 동시베리아는 러시아에게 골칫덩어리입니다. 이 지역은 북한이 어떤 결정을 내리느냐에 따라 그들의 정책이 바뀔 수 있는, 즉 북한의 결정에 가장 영향을 많이 받을 수 있는 곳입니다. 이러한 배경에서 중국과 러시아의 긴장관계는 매우 중요한 요소입니다.

중국은 영토를 확장하고자 하는 포부를 눈에 띄게 드러내고 있습니다. 이에 반해 러시아는 인구는 적지만 자원이 풍부합니다. 중국인은 이러한 기회를 재빠르게 이용하고 있습니다. 매주 중국인 4,000~5,000명이 아무르 강을 건너며, 이 중 1,000여 명은 중국으로 돌아가지 않습니다. 이들은 러시아에 정착해서 아무르 강 부근과 그 북쪽 지역을 개발하고 있습니다. 이는 엄청난 규모로, 19~20세기 독일인이 러시아에 정착하면서 지정학적 갈등을 일으켰던 일이 떠오르게 합니다. 중국인은 자국 경제와 무역의 이익을 위해 그 지역을 개발하고 있습니다. 러시아는 중국인의 대규모 정착이 확산되는 것을 막을 옵션을 남겨놓기 위해 군사적 조치를 취하고 있습니다.

이러한 중국인과 러시아의 갈등은 향후 북한 주민들의 동시베리아 이주 등과 같이 유사한 문제를 가져올 잠재적 가능성을 남겨두고 있습니다. 이런 측면에서 러시아는 현재 남북문제를 제대로 보고 있을 확률이 매우 높습니다.

동북아 관계에서 중요한 역할을 하는 중국을 살펴봅시다. 중국 인민해방군의 공산당 중앙위원회에 올라와 있는 보고서를 살펴보면 북한을 미국의 관심국가인 한국과 일본, 중국의 중요한 완충지라고 표현했습니다. 이는 곧 미국이 위기상황에서 중국의 이러한 인식과 부딪치게 될 것임을 뜻합니다.

북한이 정치적으로 붕괴될 경우 예측 가능한 시나리오는 이렇습니다. 중국은 북한의 붕괴 위험을 인식하면 안정화라는 명목으로 북한에 40~60킬로미터 정도 병력을 배치하려는 대비책을 갖고 있습니다. 중국은 새로운 완충지를 형성하려고 할 것이기 때문입니다. 그렇게 되면 배치된 중국 군대는 그 지역을 떠나지 않을 것입니다.

장기적으로 중국은 중국이 한반도의 평화통일을 인정하고 중

북 국경선을 현재와 같이 유지했을 경우, 결국 통일한국은 미국이 안보체계를 장악한 동북아의 일부가 될 것이라고 예상합니다. 그 안보체계 안에는 일본과 통일한국 국민 7,000만 명이 포함됩니다.

이와 더불어 남중국해 분쟁 등 중국에게 불만을 품고 있는 아세안ASEAN 국가들이 이러한 미국을 중심으로 한 세력과 언제든 손을 잡을 수 있다고 생각합니다. 중국은 이러한 상황이 동아시아 지역에서 미국에게 가공할 만한 힘이 될까봐 두려워합니다.

하지만 그러한 시나리오가 현실화될 것이라고는 생각하지 않습니다. 중국은 불필요한 걱정을 하고 있습니다. 역사와 이전의 강대국을 생각해본다면 답은 명확합니다. 미국은 세력을 지나치게 넓히고 있습니다. 따라서 중국이 예상하는 동북아시아의 파워게임에 참여할 수 없을 것입니다.

현재 미국은 동북아시아, 유럽, 중동국가들을 신경 쓰기에도 버거운 실정입니다. 미국이 북대서양조약기구NATO와 같은 형식으로 한국과 일본을 중심으로 동아시아 지역 전체를 포용하는 세력을 형성하겠다는 생각은 몽상에 불과합니다. 더 큰 문제는 중국의 인민해방군이 그러한 현실을 받아들이도록 설득하는 것입니다.

중국이 미국 군함을 폭파하는 식으로 실제적 위협을 가한다면 상황은 180도 변하게 되겠지요. 하지만 중국은 그 정도로 어리석은 전략을 펼치지 않을 것입니다.

그럼 이번에는 미국에 대해 이야기해보지요. 미국의 기반산업은 붕괴되고 있으며 상상 이상으로 위험한 일이 일어나고 있습니다. 미국에는 매우 위험한 자원이 안전하지 않은 상태로 방치되어 있으며, 이러한 상황은 더욱 악화되고 있습니다.

신(新)미국재단 스마트전략 프로젝트New American Foundation's Smart Strategy Project는 현재 미화 4조 달러 상당의 미국 기반산업에 대해 연구했습니다. 주택과 교통수단(단거리·장거리 철도, 고속도로, 다리), 하수구, 수도체계, 전력망 등을 연구한 결과 실망스럽게도 미국이 심각한 수준으로 붕괴되고 있으며 국가를 재건설할 근본 계획조차 없다는 것을 발견했습니다. 예를 들면 과거의 미국처럼 위기의 미국을 구할 자원을 효율적으로 사용하고 산업기반을 합리적으로 구축할 계획이 없습니다.

그래도 희망을 주는 것은 주(州)마다 개별적으로 미국 내 사회 기반시설을 재건하려고 노력하고 있으며 이러한 노력이 연방정부와 상관없이 지속되고 있다는 것입니다. 연구결과 시애틀, 뉴욕, 디트로이트, 휴스턴 등 200여 대도시가 기반시설에 투자하고 있으며 지방정부 또한 미래를 위한 사회기반을 건설하려고 첫걸음을 떼고 있습니다.

국내 상황이 심각한 미국으로서는 북한과 이란의 핵문제 같은 국제적 외교·안보 문제에서 국내로 눈을 돌려 기반시설 문제, 이주민 문제, 환경 문제에 집중해야 합니다.

오늘날 미국은 어마어마한 국방예산과 왜곡된 정책 때문에 북한을 적으로 둘 수밖에 없습니다. 말 그대로 매우 간단한 문제이지요. 우리가 북한을 적으로 간주하지 않는다면, 다시 말해 북한이 더는 완강하고 융통성 없는 스탈린식 독재주의를 표방하지 않고, 아무리 설득해도 입장을 바꾸지 않는 위험한 존재로 인식되지 않는다면, 미군이 남한에 주둔할 이유가 없습니다. 미군이 남한에 계속 주둔하는 데 다른 이유는 없습니다.

국가 안보에 위협이 될 존재가 있지 않는 이상, 즉 북한이 미국의 안보를 위협하는 대상이 되지 않는 이상 미국은 동북아시아 문제를 '국가 안보 현안'으로 규정하고 지금과 같이 미국이 하고 싶은 대로 할 수는 없습니다. 중국과 북한의 존재가 이 경우에 정확히 맞아떨어집니다. 사실 미국은 이 문제를 해결할 아무런 이유가 없습니다.

예를 들어, 미국은 이란과 쿠바에서도 같은 일을 합니다만 쿠바 하바나의 경우, 미국 안보에 위협이 된다는 식으로 비춰지는 것은 우스운 일입니다.

엇갈리는 남북,
그 접점을 찾아서

임마누엘 페스트라이쉬　오늘날 한국에서는 서로 충돌하는 두 가지 주장을 들을 수 있습니다. 한쪽에서는 북한과 관계를 개선하는 것만이 안정을 가져올 유일한 방법이라고 주장하는 반면, 다른 쪽에서는 북한은 결코 믿을 수 없는 존재이며 강한 힘을 보여주는 것만이 유일한 길이라고 주장합니다. 일반 시민의 엇갈린 두 주장을 어떻게 이해해야 할까요?

존 페퍼　남한에 사는 보통 사람의 관점에서는 북한의 의도에 대해 상당히 회의적일 수밖에 없습니다. 특히 북한의 최근 행동, 예컨대 연평도 폭격이나 수십 년 전부터 지속되어온 여러 차례의 침공 등을 떠올릴 때마다 더 그럴 것입니다. 남한이 원칙에 입각하면서도 개방된 시각으로 북한과 관계를 맺으려면 다소 모순적인 태도를 유지해야 합니다. 즉 모순으로 보이는 신념을 견지해야 합니다.

먼저 남한 사람들은 북한의 힘이 약하다는 사실을 이해해야 합니다. 북한은 한때는 군사력과 경제력 면에서 남한에 버금가는 힘을 가졌지만 이제는 어느 모로 보더라도 남한과는 비교되지 않습니다. 물론 북한은 막대한 군대와 병참기지, 모종의 핵무기를 보유하고 있습니다. 하지만 좀 더 자세히 살펴보면 북한은 그들의 힘 때문이 아니라 취약성 때문에 위험하다는 사실을 알 수 있습니다. 다시 말해 북한은 비록 대규모 군대를 가지고 있지만 장비나 식량, 준비 수준에서는 형편없이 열악합니다.

북한이 대량살상무기를 보유하고 있을지도 모르지만 핵무기 실험에 성공한 적은 한 번도 없습니다. 1950년대와 1960년대에는 이란이 북한보다 기술적으로 앞설 수 있다는 말은 우스갯소리에 불과했습니다. 그러나 지난 몇 년에 걸쳐 실제로 이란은 인공위성 석대를 성공적으로 궤도에 올려놓았습니다. 하지만 북한은 그간 세번 시도했으나 모두 실패했습니다. 북한이 불시에 남한을 공격해올 것이라는 우려는 그리 크지 않지만 그들이 자포자기에 빠진다면 결국 유일하게 남은 카드는 남한에 포격을 감행하는 것밖에 없다고 생각할 것입니다. 이런 점에서 한국인은 무엇보다 북한이 약해서 문제가 될 수밖에 없다는 전제 아래 많은 결정을 내려야 합니다.

로렌스 윌커슨　남한 국민이 신문을 읽으며 혼란스러울 수 있다는 점을 이해합니다. 이것은 남한 지도층의 문제입니다. 남한 지도자들이 시민들에게 통일성 있고 생산적이며 지속 가능한 정책이 있음을 설득하기 위해 어떻게 지속적으로 홍보하느냐가 관건입니다. 그 과정은 오래 걸리고 여러 정부에서 해야 하기에 가장 중요한 점은 지속 가능성입니다.

한반도의 변화는 한 정부에서 이뤄낼 수 없습니다. 노무현 정부에서 이명박 정부로 전환하는 과정에서 두 정부의 상반된 정책으로 시민들은 혼란에 빠졌습니다. 하나의 장기적 전략으로 다시 시작해야 합니다.

내부적으로는 지도자들이 남북관계에 대해 올바른 비전을 제시하고, 외부적으로는 미국이 지금과 같이 일일이 간섭하지 않는 환경이 조성된다면 남북은 스스로 통일에 대해 합의할 것이며, 몇 세대에 걸쳐 성공적인 결과를 이룰 것입니다. 한국인은 그렇게 할 능력이 충분히 있습니다. 저는 서울에서 지내면서 그것을 이룰 수 있는 지혜와 지식을 목격했습니다. 물론 남북문제에 자국의 이익이 걸려 있는 지역 내 강대국들을 상대해야 하지만 먼저 남북한 두 나라가 같은 곳을 바라보며 합의를 이뤄내야 합니다. 중국, 일본, 러시아를 선두로 하는 동북아 지역 외교도 중요하지만 이를 지혜롭게 풀기를 기원합니다.

임마누엘 페스트라이쉬　마지막으로 남북문제에서 통일에 대한 희망과 전쟁에 대한 공포를 함께 갖고 있는 한국인에게 한마디 해주시죠.

존 페퍼　한국은 북한에 대한 모순적 인식을 모두 염두에 두어야 합니다. 앞서 말씀드린 것처럼 남한은 북한이 강하기 때문이 아니라 약하기 때문에 더욱 위협이 된다는 사실을 깊이 인식해야 합니다. 아울러 한국과 북한은 궁극적으로 공유할 가치가 있는 존재임을 인지해야 합니다. 즉 한국 사람들은 '북한의 모든 것이 쓸모없으며 우리가 당신네 사회 전부를 남한과 같은 모습으로 재건해주겠다'는 태도로 북한에 접근해서는 안 됩니다. 그런 태도는 결국 일방적인 관계를 맺자고 말하는 셈이 되어 상대의 태도를 더욱 폐쇄적이고 적대적으로 만들 확률이 높습니다. 양국 관계는 쌍방향으로 의사소통이 되어야 합니다.

그러기 위해서는 장기적·미래적 관점에서 상대를 대해야 합니다. 통일 이후의 모습을 그리며 그들의 장점을 정확히 인지하는 태도도 필요합니다. 통일 이후 오염되지 않은 북한의 자연 등은 통일한국의 큰 자원이 될 수 있습니다. 아울러 개성공단과 같이 한국이 비전을 품고 북한에 자본을 투자한다면 그들 역시 IT나 공작기계 등 기존 기술을 바탕으로 도약할 수 있습니다.

북한은 공학이나 과학 분야에서 매우 우수한 인력을 보유하고 있습니다. 남한은 북한이 경제력으로는 형편없이 뒤져 있다는 사실을 알지만 그들을 동등한 파트너로 여기고 이러한 과정에 착수해야 합니다. 북한이 긍정적인 자세로 협력을 맺는다면 그 안에는 엄청난 잠재력이 숨어 있습니다.

로렌스 윌커슨 저는 앞서 말씀드린 것과 같이 한국의 일관된 자세를 말씀드리고 싶습니다. 위기에 몰려 정치적 생존을 가장 우선시하는 상대와 대화하고 이들을 설득하기는 매우 어렵습니다. 한두 해 또는 한두 정권으로 해결할 수 있는 문제도 아닙니다.

결국 상대를 이해하려 노력하고 인내하는 자세가 필요합니다. 시간이 걸려도 앞으로 나아가는 것이 중요합니다. 저는 한국인의 저력과 가능성을 보았고 또 믿습니다. 남북이 좀 더 진전된 관계를 맺어 미래에는 지금보다 더욱더 강대하고 힘 있는 통일한국을 이뤄내기를 기대합니다.

Chapter 5

개방과
보호,
양날의 검
앞에서

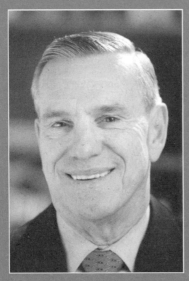 

클라이드 프레스토위츠 Clyde Prestowitz 혼다 히로쿠니 Honda Hirokuni

클라이드 프레스토위츠는 레이건 행정부 통상부장관 자문위원이었으며 워싱턴 DC에 있는 경제전략연구소 소장이다. 다양한 국제무역협상에 참여하면서 협상의 귀재라고 알려져 있다. 저서로는 미국에서 베스트셀러였던『무역의 현장(Basic Book)』이 있다.

혼다 히로쿠니는 도쿄대학교 경제학과 교수다. 일본에서 미국 경제와 국제관계 연구로 널리 알려져 있다. 저서로는『무역과 국제화(Trade and Globalization)』외에 다수 있다.

믿을 수 없는 너!

임마누엘 페스트라이쉬　　시장 자유화와 자국 산업 보호 문제는 그간 한국 사회의 큰 이슈로 사회 각층에서 논의되어왔습니다. 이 이슈는 정치, 문화 등 복합적 요소와 결합되어 정확한 문제가 무엇인지 매우 혼란스럽게 다가오는 것이 사실입니다. 예를 들면 MB 정권에서 미국 소 수입 문제는 광우병과 MB정권 퇴진 등의 이슈가 결합하면서 매우 큰 사회적 파장을 가져왔습니다.

한국 사람들은 대부분 무역의 필요성에 대해서는 폭넓은 공감대가 있지만 시장 개방에 따른 폐해에 대처하는 방안에 대해서는 서로 다른 목소리를 내고 있습니다.

클라이드 프레스토위츠　　'폭넓은 공감대가 있다'는 말이 정확히 무슨 뜻인가요? '무역'은 쌍방향으로 이루어집니다. 즉 무역을 한다는 것은 양쪽이 사고파는 과정에서 모두에게 이익이 돌아가게 하는 것입니다. 제가 한국인에게 확인하고 싶은 대목은 상호 윈윈 개념이 한국 사회에 폭넓게 공유되어 있느냐는 것입니다.

제가 이렇게 묻는 이유는 제 경험에 기인합니다. 한두 군데를 제외한 대다수 아시아 국가들은 수출, 즉 파는 일에만 관심이 있는 것 같습니다. 수출하려면 그만큼 수입해야 할 때도 있다는 사실을 알면서도 그들은 물건을 사고 싶어하지 않습니다. 따라서 해외시장에 진입하기 위해 자국 시장도 개방하겠다는 시장개방 협정을 맺고, 그 협정이 발효된 뒤에조차 아시아 국가들의 시장은 대개 그다지 활짝 열리지 않습니다. 아시아 국가들은 협정을 맺었기 때문에 물건을 사야 한다는 것을 알면서도 자신들이 사는 데는 관심이 없다는 것을 알기 때문에 갈등을 겪습니다. 나는 한국에서 수출의 혜택이 아니라 무역의 가치에 대해 공감대가 있다는 사실을 믿지 않습니다.

혼다 히로쿠니　무역은 상호적이어야 한다는 프레스토위츠 교수님의 의견에는 찬성합니다. 하지만 자유무역이 경제학 교과서대로 진행되는 일은 거의 없고, 현실적으로는 많은 국가가 국가별 특수성에 따라 보호주의와 짝을 이루고 있습니다. 이는 자유무역 체제만으로 국민 경제의 부의 균형을 쉽게 유지하기 어려울 뿐 아니라 미래를 위한 기술개발, 고용보호, 환경보호 등을 고려했을 때 적절한 보호정책이 병행되어야 할 일입니다.

단순히 생산성만 기준으로 무역한다는 것은 마치 우리 집보다 이웃집이 음식을 효율적으로 만듦으로 식사 준비는 이웃집에 맡기고, 나는 정원 일을 전문화해서 이웃집의 잔디나 정원수를 손질하겠다는 것과 같습니다. 하지만 거기에는 생활의 자립성, 자기충

족감, 장기적인 생활 기술의 함양이라는 요소가 빠져 있습니다. 장래에는 석유나 천연자원에 가능한 한 의존하지 않으려고 자연 에너지와 기술개발을 거듭해서 궁리하고 있지 않습니까? 여기에는 가치관과 미래에 대한 선택의 문제가 있어서 단순한 경제적 논리로 값을 매기고 효율성을 논하는 것은 무리가 있습니다.

다만, 국내에서는 보호를 하면서 그러한 산업 제품이 해외로 수출되어 다른 나라의 고용을 위협하는 공격적인 보호주의는 주의해야 합니다. 예를 들어 일본은 자동차와 기계제품 등 수출산업을 정책적으로 육성해왔습니다. 그러한 것들에 대해 아직도 과세 면에서 우대하고 연구개발 투자에 보조금을 지불하는 것 등은 수출 상대국의 고용 파괴를 부추기는 것과 다르지 않습니다.

이런 측면에서 수출 촉진형 보호주의는 비판받아 마땅하지만, 국내 수요용 보호주의는 유연하게 인정해야 합니다. 이 두 가지를 명확히 구별한다는 것이 쉽지 않습니다. 하지만 추상적인 자유무역론을 전제로 논의를 구성해가면, 서로 상대방이 현실에서 행하는 보호주의적 조치에 눈이 가게 되어 오히려 논의가 제대로 되지 않을 것입니다.

프랑스는 유럽연합과 맺은 자유무역협정FTA으로 한국 차의 시장점유율이 급격히 높아지자 세이프 가드(긴급수입제한조치)를 발령했습니다. 그것은 당연한 조치라고 생각합니다. 또 2012년의 '미국대통령경제보고Economic Report of the President'에서는 제조업의 부활을 정부가 지원하겠다고 표명하고, 지금까지의 아웃소싱outsourcing이 아닌 인소싱insourcing을 주장하고 있습니다. 이것은 미국의 고용과 산업육성뿐만 아니라 대외 균형 개선에도 좋은 징후라고 생각합니다.

임마누엘 페스트라이쉬   좀 더 현실적으로 쉽게 묻겠습니다. 만약 프레스토위츠 교수님께서 한국인이고 한국인의 관점으로 생각한다면 앞에서 이야기한 것처럼 수출에 집중함과 동시에 수입도 적극적으로 개방하겠습니까?

클라이드 프레스토위츠   국가적으로 보면 농산품 내수시장은 비교적 작은 시장이므로, 그것을 보호하려고 싸울 만한 가치가 없다고 생각합니다. 특히 그러한 투쟁으로 한국이 어떤 큰 이익을 얻을지 분명치 않다는 점에서 말입니다.

혼다 히로쿠니   프레스토위츠 교수님이 이를 너무 단순화해서 생각하는 것 같습니다. 한 국가에서 농업은 단순한 산업 이상의 의미를 가질 수 있습니다.
아시아 어느 나라에서 쌀과 콩을 20년, 50년, 100년 동안 장기적으로 미국에 의존하는 것이 현실적으로 가능할까요? 지형학 전문가인 데이비드 몽고메리David Montgomery는 자신의 책『땅의 문명사*Dirt: The Erosion of Civilizations, University of California Press, 2007*』에서 미국의 대평원지대Great Plains의 토양은 500년에 2.5센티미터밖에 재생되지 않는데도 농업에 따른 토양 상실은 그보다 4~25배 빠르게 진행되어 토지 이용은 장기적으로 지속 가능하지 않다고 지적했습니다.

농지는 공업제품과 달라서 한번 경작을 멈추면 생산을 재개하는 데 엄청난 비용이 듭니다. 미국의 쌀 공급량이 줄었다고 해서 일본의 수전(水田)을 다시 개발하기는 쉽지 않습니다. 그와 같은 장기적 비용과 위험은 시장이 비교하는 생산비용에는 포함되지 않습니다.

그뿐만 아니라 경제적 논리로도 좀 더 생각해볼 점이 있습니다. 미국 정부의 농업 보조금은 연간 100억 달러에서 많은 해에는 200억 달러나 됩니다. 최근에는 에탄올용 곡물가격이 올랐기 때문에 보조금은 70억 달러 정도로 적어졌지만, 그래도 계속해서 다양한 명목의 보조금을 지급해 저가격을 지탱하고 있습니다. 토양 보전비와 수출신용보증은 무역 교섭에서는 생산비용에 포함되지 않습니다.

미국의 곡물(옥수수, 보리, 콩, 쌀) 저가정책은 자연환경 면에서도,

경제 면에서도 지속적이지 못한 방법으로 유지되어왔습니다. 그리고 이는 값싼 곡물을 사료로 사용하는 축산농업, 푸드 비즈니스와 관련되어 있으며, 이것이 전 세계 식료시장을 석권하고 있습니다. 또 '토양의 수분보지 능력의 저하, 토사로 메워진 하천의 준설, 토양침식으로 일어난 손해를 해소하기 위해 미국에서는 연간 440억 달러, 세계에서는 연간 4,000억 달러, 지구상의 인구 한 사람당 70억 달러 이상 -대부분 인간의 수입을 넘는- 비용이 드는(몽고메리, 위의 책)'데도 이러한 미국의 곡물생산이 지속가능하기 위한 비용, 공업에서 말하자면 감가상각비용조차 포함되어 있지 않습니다. 이것을 전부 계산하면 현시점에서도 아시아의 곡물이 미국보다 비싼지 아닌지 의심스러워집니다.

반대로, 일본이나 한국의 작은 수전은 깨끗한 물, 산소공급, 보수효과에 따른 하천의 범람방지, 지하수 원천, 생태계 유지 같은, 시장의 가치로 평가할 수 없는 기능을 하며 수천 년 동안 유지되어왔습니다. 일본이나 한국의 농업정책과 식료정책이 문제가 있어 개혁의 여지가 있는 것은 사실이지만, 위와 같은 사항을 충분히 고려하지 않으면서 농업시장을 무조건 개방하고 무역을 자유화할 수는 없습니다.

따라서 쌀은 단순한 경제논리를 넘어 국가 안보 차원에서도 생각할 수 있습니다. 쌀을 이렇듯 안보문제로 생각하게 된 계기가 있습니다. 세계의 식량생산량은 15년 정도 주기로 풍작과 흉작을 반복한다고 합니다. 1973년, 1988년 그리고 2012년도 그럴지 모릅니다. 쌀은 아시아에서는 몬순기후의 영향으로 약 7년 주기로 흉작이 일어난다고 합니다.

미국은 '1969년 수출관리법The Export Administration Act of 1969'에서, 안전보장상 필요를 고려해 수출을 제한한다고 한 뒤 실제로 1972년에 콩, 1973년에 보리의 금수조치를 단행했습니다. 자유화를 부르짖으며 그와 같은 조치를 취한 것이 정당한 행위였을까요? 이런 측면에서 보면 농업을 단순한 경제적 관점을 넘어 안보문제로 생각하고 활용한 것은 미국이었다고 볼 수도 있습니다.

이런 상황에서 단순한 경제논리로 시장을 개방했으니 농업도 무조건 개방하라는 논리는 받아들이기 쉽지 않습니다.

임마누엘 페스트라이쉬 한국은 유럽과 미국, 인도와 무역협정을 맺었고 이제는 중국, 일본과 무역협정을 맺기 위해 상당한 노력을 기울이고 있습니다. 이 정책에 대해서는 사회적 공감대가 상당합니다. 그런데 유독 한미 FTA에서만큼은 문제의 심각성이 배가됩니다. 그 이면에는 미국에 대한 한국인의 특정 정서, 즉 반미 정서가 많은 영향을 미치고 있지 않은가 하는 의심이 듭니다.

클라이드 프레스토위츠   한국인이 왜 그토록 공격적인 태도를 보이는지 잘 모르겠습니다. FTA 체결의 목적은 한편으로는 거대 시장인 미국 시장의 지속적 확보, 다른 한편으로는 일본, 중국과의 경쟁에서 미국 시장 우선권을 어느 정도 확보하려는 것일 겁니다. 그러나 국내 시장 개방에 대해 한국인은 어떻게 생각합니까? 이는 매우 중요한 질문입니다. 한국은 자국 시장을 개방하려는 진정한 의지가 있는지 묻는 것입니다. 자국 시장을 개방하는 듯한 행동을 하면서 타국 시장 진출권을 따냈지만 정작 실질적인 개방은 하지 않을 거라는 의심이 생깁니다. 이 모든 무역협정의 진정한 실체가 무엇인지 정말 모르겠습니다.

물론 어떤 나라는 무역·외교 게임에 능숙하지만 어떤 나라는 그렇지 못할 수도 있습니다. 미국은 후자에 속한다고 생각합니다. 이는 지나치게 투명한 행정체계와 과도하게 세분된 제도문화 때문입니다. 미국에서 설립된 외국계 기업은 미국 기업과 똑같은 권리를 갖습니다. 그들은 여느 미국 기업과 마찬가지로 미국의 사법제도를 활용할 수 있습니다. 만약 미국이 꼼수를 부린다면 미국 내 외국계 기업들은 소송을 제기할 것이고, 미국 법정은 이를 진지하게 받아들일 것입니다.

1980년대에 이러한 일이 있었습니다. 당시 일본이 값싼 VTR로 유럽 시장을 휩쓸자 프랑스인들은 화가 났습니다. 그래서 그들이 어떻게 했습니까? 그들은 모든 VTR 제품의 수입항을 푸아티에항구로 일원화했습니다. 푸아티에항구는 내륙으로 240킬로미터 들어간 곳에 있는데, 그곳 세관 검사관들은 파트타임으로만 일했습니다. 그 결과 선박들이 바다에 줄지어 섰으며 수입 업무는 마비되었습니다. 프랑스인은 이 술책을 매우 효과적으로 써먹었고 이를 일본과의 수입 제한 협상에 이용했습니다. 미국이라면 결코 이런 전략을 사용할 수 없을 것입니다. 일본 기업의 미국 지사들이라면 곧바로 법정에 항의서를 제출하고 구속력 있는 판결을 받아내는 것으로 모든 일을 해결했을 것입니다.

　일본은 주요 자동차 시장으로서 세계 3위 규모의 큰 시장입니다. 일본은 수입 자동차에 관세를 부과하지 않지만, 일본의 고속도로에는 외국산 자동차가 그다지 많이 보이지 않습니다. 일본과의 '자유무역협정'에 서명한다고 해서 갑자기 일본의 모든 도로에서 한국산 자동차가 달리는 모습을 볼 수 있으리라고 생각할 수 있습니까? 그것을 단순히 기술의 문제라고 생각할 수 있습니까? 현대자동차는 미국에서 10%가 넘는 시장점유율을 자랑하는 글로벌 경쟁력을 가지고 있지만 유독 일본에서만큼은 퇴출된 것이나 다름없습니다. 이러한 이유가 어디에 있다고 보십니까?

혼다 히로쿠니　　저는 보호주의의 필요성을 주장합니다. 그러나 보호한 것에서 얻은 이익을 어떻게 국내에서 배분해야 하는지도 동시에 생각해볼 필요가 있습니다. 일본이나 한국의 기업 경쟁력은 수출대기업을 지탱하는 중소영세기업의 저임금을 발판으로 합니다. 그것이 일본과 한국의 국민에게는 반드시 바람직한 일이었다고는 생각하지 않습니다. 일본과 한국의 수출 공세로 미국의 고용이 파괴될 경우, 어떤 식으로든 규제와 보호가 있어야 합니다. 반대로 아시아로부터의 수출이 이른바 저임금을 무기로 한 소셜 덤핑이라면 아시아의 노동조건이 개선됨에 따라 수출 압력을 억누를 사회정책이 필요합니다. 그렇지 않으면 국제경쟁이 결국 미국과 아시아 쌍방의 고용 파괴와 열화(劣化)로 이어질 것입니다. 무역자유화가 국민의 이익이 되려면 무역이 만들어내는 이익의 분배 메커니즘을 동시에 만들어야 합니다. 그러나 유감스럽게도 그것을 정책적으로는 그다지 의식하지 못합니다.

자동차 딜러에 대해서 미국에서는 메이커별로 지배가 제한되어 있지만 일본이나 한국에서는 그렇지 않습니다. 이것이 미국 차의 한국과 일본 수출, 한국 차의 일본 수출을 막고 있다는 지적은 틀리지 않습니다. 일본의 딜러 시스템은 미국의 시스템과는 분명히 다릅니다. 미국의 딜러는 어느 메이커의 어떤 차종도 취급하지만, 일본은 대부분 개별 메이커의 개별 차종만 취급합니다. 이것을 계열판매 방식이라고 합니다. 이는 가전제품에서도 볼 수 있는 방식으로, 일본의(한국도 비슷합니다) 기업 그룹형 산업지배구조를 반영한 것입니다. 메이커는 자동차 딜러에게 사실상 다른 회사의 경합 제품을 취급하지 말도록 리베이트를 지불합니다. 그 결과 일본의 메이커는 계열판매의 딜러를 유지하기 위해 막대한 비용을 지불해왔습니다.

유통구조가 비슷했던 가전제품이 이 구조에서 벗어난 것은 가전양판점이 생겨서 예를 들어 컴퓨터라면 델, HP, 애플의 제품이 일본의 제품과 나란히 팔리게 되면서부터입니다. 그러나 자동차는 아직 그렇지 못해서 국산차, 외국차 구별 없이 취급하는 신차 딜러는 거의 없습니다. 그와 같은 판매 창구를 만드려면 비용을 어떻게 부담해야 하느냐는 문제가 생깁니다. 일본의 메이커별 딜러망에 외국 메이커가 외국차를 가져와 판다는 것은 소매 비용을 그대로 일본 메이커에게 부담시킨다는 것을 의미하므로 이런 일은 현실적으로 일어나기 어렵습니다.

일본이나 한국의 차가 미국에 진출할 수 있었던 것은 미국형 딜러망에 적합했기 때문이므로 미국 자동차 메이커도 똑같은 편의를 제공받을 권리가 있습니다. 그러기 위해서는 일부 외국 메이커가 이미 실행하고 있듯이 일본과 똑같은 계열 딜러망을 만들든지, 주요 도시에 대형 전시장을 만들어야 합니다. 그렇게 해서 일본의 소비자가 서구의 자동차도, 아시아 다른 나라의 자동차도 자유롭게 선택할 수 있도록 해야 합니다.

그러나 유감스럽게도 지금의 미일교섭에서는 기존의 딜러망에 미국 차를 포함시키게 한다든지, 경자동차의 규격을 폐지하라고 한다든지, 일본이 엔저를 유도한다는 등 일본이 바로 받아들이기 어려운 주장이 미국 측에서 나오고 있습니다. 외국의 메이커가 참여할 수 있는 판매제도 개선에 초점을 맞추어 일본도 구체적인 제안을 하고, 어느 나라의 자동차도 공평하게 취급받도록 개혁해야 합니다.

자유무역,
상상 이상의 전쟁

임마누엘 페스트라이쉬　앞으로 한미 간, 미일 간 FTA 협상은 어떻게 되리라고 보십니까?

클라이드 프레스토위츠　미국과 일본 그리고 미국과 한국의 이러한 견해 차이 때문에 경제적 협력 관계가 오래가지 못할 것으로 여겨졌지만 지금은 생각이 바뀌었습니다. 그 이면에는 양측이 이 관계를 지속해야 할 명백한 이유가 있기 때문입니다. 그 이유는 다음과 같습니다.

우선 미국 관점에서 본다면 더욱 개방된 시장과 자유방임적인 경제 정책을 채택해온 미국과 오스트레일리아, 영국 같은 나라들은 그들의 최우선순위가 무역이 아니었습니다. 이런 나라들이 더 중시하는 것은 지정학적 의의입니다. 글로벌 기반을 유지함으로써 북한과 이란의 군사 도발 대응책을 모색하고 중국과 인도에 외교적 주도권을 유지하려는 것입니다. 그러므로 이러한 나라들이 무역협정을 추진하는 이유는 경제적 목적만이 아니라 광범위한 정치, 외교, 안보적 지원과 동맹을 과시하려는 목적도 포함되어 있습니다. 때로는 상대 국가나 상황에 따라 후자의 중요성이 더 부각되기도 합니다.

미국과 같은 나라들이 무역협정을 맺는 이유 중 하나는 그들이 기본적으로 무역이 윈윈의 결과를 가져온다는 경제철학을 가지고 있기 때문입니다. 하지만 미국 경제학자들은 권위 있는 책과 논문, 사설 등에서 감자 칩이든 컴퓨터 칩이든 만들거나 파는 상품이 무엇인지는 중요하지 않다고 주장합니다. 그런 논리에 따르면 반도체 산업이 국제 경쟁에서 도태된다고 해도 걱정할 필요가 없습니다. 언제든 또 다른 산업을 시작하면 되기 때문입니다. 그러므로 미국의 대다수 정책입안자는 산업의 구조와 건전성 그리고 기술과 생산기반에도 그리 큰 관심을 두지 않습니다. 그런 측면에서 보면 그들이 중시하는 우선순위는 분명 다릅니다.

반면에 한국이나 일본이 계속해서 이런 접근방식을 취하는 이유는 그들이 언제나 글로벌 수준의 산업을 효과적으로 일으킬 수 있기 때문입니다. 미국이라는 나라와 일본, 중국, 한국 등과 같이 좀 더 전략적인 접근을 취하는 국가들 사이에는 산업 경쟁이 비대칭적입니다. 그 결과 이 나라들은 비교적 잘 통제된 시장을 확보했으며 기업들은 글로벌 시장을 지배하게 되었습니다. 그들은 외국 경쟁자들을 따돌리거나 기업을 인수할 수도 있습니다. 또는 시장 지배를 위한 첫 단계로 해외시장에 자신의 존재감을 드러내려고 특정 지역에 투자할 수도 있습니다. 시간이 흐를수록 미국과 같은 나라의 경쟁기업들은 불리한 상황에 대해 항의할 힘을 잃거나 속절없이 사라졌습니다.

실제로 1936년에 일본 재무장관 다카하시 고레키요(高橋是淸)는 심오한 통찰을 담은 말을 했습니다. "경제적 패배는 군사적 패배보다 훨씬 더 회복하기가 어렵다." 그의 말은 전적으로 옳았으며 아마도 그런 인식이 있었기에 아시아 국가들이 지정학적 위치보다 무역과 생산 전략에 더 비중을 두어왔는지도 모릅니다. 오늘날에 와서는 전략적 무역을 구사하는 국가들이 자유무역국가들을 경제적인 면에서 앞서는 일이 일어나고 있습니다.

자유무역국가들은 이러한 결과를 역전하기가 점점 더 어렵다는 사실을 깨닫고 있습니다. 한국의 관점에서 보면 유사한 생각을 하는 아시아 국가들 사이의 자유무역은 윈윈하는 결과를 창출할 수 있습니다. 그러나 다른 나라들, 예를 들어 자동차 시장이 매우 개방적인 미국과의 자유무역에서는 윈윈하기가 불가능합니다. 현대자동차는 미국 자동차 시장의 5%를 점유했으며 비중이 9%까지 늘었습니다. 그것은 GM과 같은 회사들의 내수시장은 감소한 반면 해외시장 증가분은 없다는 것을 의미합니다. 결국 미국의 측면에서 본다면 이만큼에 해당하는 다른 시장을 상대국에 요구해야 한다는 의미이기도 합니다.

혼다 히로쿠니　무역보다 안전보장을 중시하고 후자 때문에 경제 개방이 필요하다고 말씀하십니다. 하지만 프레스토위츠 교수님의 견해가 현재 미국 정부가 추진하는 정책과 같다면 그에 대해서는 의문을 갖지 않을 수 없습니다. 미국 정부의 안전보장이라는 사고에는 아시아 지역을 힘으로 누른다는, 미국의 많은 정치가와 지식인에게 공통된 사고가 있는 것처럼 보입니다. 미국이 주도하는 틀이 없으면 비즈니스도 없다는 받아들이기 어려운 발상입니다.

분명 평화가 있어야 안심하고 경제활동을 할 수 있습니다. 그러나 현재 미국이 추진하려는 것은 중국과 인도를 군사적으로 위협하면서 지역적 질서형성의 주도권을 잡고, 그러기 위해 일본, 한국, 필리핀, 오스트레일리아, 베트남 등과 군사적 연계를 모색한다는 것입니다. 유감스럽게도 일본과 한국 정부도 그것에 동조하려 합니다. 하지만 그와 같은 방식은 오히려 아시아 여러 나라 국민 간의 신뢰관계를 해쳐 경제적으로도 마이너스가 되지 않을까요? 그렇지 않고 분쟁은 외교적 틀 안에서 해결한다는 믿음이 있어야 서로 안심하고 시장에 들어갈 수 있습니다. 프레스토위츠 교수님의 '지정학적 의의'라는 말은 조준기 너머로 아시아를 보고 있는 것 같은 위압감을 줍니다.

임마누엘 페스트라이쉬　정리해보면 프레스토위츠 교수님께서는 양국이 추구하는 목적이 다르지만 그래도 그 목적을 이루기 위해서 상호 협상할 것이라고 보는 듯합니다. 그에 반해 히로쿠니 교수님께서는 무역에 미국의 외교안보적 목적을 결합하는 것은 받아들이기 어려운, 경계해야 할 대상이라고 말씀하시는 것 같습니다. 그렇다면 양국의 시각차를 해소할 방법은 무엇이라고 생각하십니까?

클라이드 프레스토위츠　역사를 돌아볼 때, '자유무역'이라고 할 만한 것이 있었던 적은 없습니다. 예를 들어 1850년대를 생각해봅시다. 당시 잉글랜드가 해외시장을 염두에 두고 섬유와 양모 산업을 대규모로 육성하던 참이었습니다. 영국은 1846년 세계 최초로 '자유무역' 체제를 지지한 나라입니다. 영국은 미국에서 수입되는 밀을 비롯한 곡물에 부과하던 관세를 철폐하는 법안을 통과시켰습니다. 그러나 미국은 자유무역제도를 받아들이지 않았습니다. 일반적으로 미국은 제2차 세계대전 이후까지도 보호무역에 가까운 태도를 보였습니다.

유럽 국가들은 영국과 달리 보호무역주의를 취했고, 그런 전통은 오늘날에도 여전히 강하게 남아 있습니다. 영국은 1846년부터 1914년까지 자유무역에 근접한 형태를 연습했습니다. 제1차 세계대전 기간에 영국은 좀 더 보호무역주의로 기울었고 전쟁이 끝난 뒤에는 잠시 자유무역을 시도했습니다. 하지만 영국은 이제 제국이 아니었기 때문에 그리 효과를 발휘하지 못하자 다시 보호무역주의로 선회했습니다. 관세 및 무역에 관한 일반협정General Agreement on Tariffs and Trade, GATT으로 대표되는 오늘날의 글로벌 자유무역 체제 개념은 제2차 세계대전 이후에야 등장했습니다.

1945년에서 1975년 사이에 주요 국가들은 대부분 여전히 전후 회복 단계에 있었습니다. 따라서 미국이 '자유무역'을 부르짖긴 했지만 미국에 강력한 경쟁 상대가 될 만한 나라는 없었습니다. 그러므로 자유무역과 글로벌 경쟁의 진정한 성장은 1975년에 시작되어 오늘날까지 이어졌다고 할 수 있습니다.

경제학자들은 언제나 무역이 전체적으로는 윈윈의 결과를 가져온다고 주장합니다. 하지만 그에 따른 실패자가 엄연히 있으며, 농업이나 섬유산업 같은 일부 산업, 특히 이들 기업의 직원들은 분명히 그 피해를 보게 됩니다. 따라서 대다수 소비자가 얻는 이익이 이런 일부 업계의 손실보다 크다면, 우리가 할 일은 승자들에게서 세금을 걷어 실패자들을 돕는 것이어야만 합니다.

그러나 승자에게 과세하여 실패자들을 돕는다는 말은 계속해서 떠돌았지만 실제로 그런 일이 일어난 적은 한 번도 없습니다. 이러한 일은 미국에서도 동일합니다. 1950년대에 일본이 섬유산업을 육성하기 시작했는데, 이는 미국 공급자들이 최초로 해외 공급자들을 필요로 하게 된 계기가 되었습니다. 미국의 섬유공장은 문을 닫기 시작했으며, 그 자리를 일본 생산자들이 메웠습니다. 이후 섬유산업은 일본에서 홍콩, 한국 그리고 타이완으로 이전되었습니다. 미국 섬유 노동자들은 그들이 이러한 무역체제의 희생자가 되었다고 불평했지만 그에 대해 경제학자들은 "당신들은 소수의 섬유산업 노동자일 뿐입니다. 걱정하지 마십시오. 우리가 당신들을 돌봐주겠습니다"라고 말했습니다.

그러나 앞서 말씀드린 것과 같이 섬유산업 다음으로는 철강산업이 해외로 이전되었습니다. 일본과 한국 그리고 기타 국가들이 글로벌 경쟁력을 갖춘 철강산업을 일구었습니다. 미국 철강 노동자들 역시 일자리를 잃었고 그들도 큰 소리로 하소연했습니다. 그에 대한 대답은 대동소이했습니다. 나중에는 섬유와 철강의 뒤를 이어 소비가전이 아시아로 넘어갔습니다. 수십 년이 흐른 뒤 실패자 무리는 산을 이루었지만 그들을 돕기 위한 조치는 아무것도 없었습니다. 그 결과 무역자유화에 반대하는 정치운동이 일어났고 대중은 대체로 자유무역에 경계의 시선을 보내게 되었습니다.

따라서 해결책을 찾아야 한다면, 무역 자체를 문제화하기보다는 국내 정치, 즉 내부 문제에 초점을 맞춰야 한다고 봅니다.

혼다 히로쿠니　일본의 자동차 산업은 제2차 세계대전 이전부터 미국의 기술을 도입하여 이른바 녹다운생산을 해서 기술력을 길러왔습니다. 한국도 1960년대부터 같은 길을 걸어왔습니다. 그러나 일본의 고도성장을 실제로 경험해서 느끼는 겁니다만, 보호주의와 자유화에 편승해 복잡한 냉전시대를 잘 헤쳐 나왔다고 생각하는 한편으로, 좀 더 국민생활의 질 향상과 직결될 수 있는 생산과 분배 방식이 있지 않을까 생각하지 않을 수 없습니다. 일본의 경쟁열이 세계경제의 경쟁압력을 부추겼고, 그것이 일본에도 나쁜 영향을 끼치는 것은 아닌가 생각합니다.

앞서 자기 집 식사를 다른 집에서 만들게 하고, 자기는 식사를 만들지 않고 정원 일을 특화한다고 했습니다. 하지만 그렇게 하면 더 나아가 다음 집에서는 청소업무를 특화한다든가, 지붕 수리를 특화한다든가, 베이비시터를 특화한다든가, 장보기를 전문으로 한다든가 하는 식이 됩니다. 이른바 집 주위에서의 분업의 심화입니다. 이것이 어느 정도 진행되면 추가로 참가하는 가족은 얼마 못 가서 유용한 일을 찾을 수 없게 됩니다. 거기에서 가장 맛있게 요리하는 집이 생겨나고, 조미료로 적당히 맛을 내는 집이 나와서 그것을 모두 알지 못하면 요리를 특화한 집은 할 일이 없어집니다.

존 케네스 갈브레이스John Kenneth Galbraith는 이미 현대는 18세기 이후 경제학이 염두에 둔 '부족의 경제'가 아닌 '과잉의 경제'이고, 모든 인구가 유익한 취로에 종사하는 것은 불가능해졌다고 주장했습니다. 그와 같은 '과잉의 시대'에서 새로운 산업분야를 찾아내기는 더더욱 어려워집니다. 미국에서는 실리콘밸리에서, 하이테크 비즈니스의 최첨단에서 클라우드 컴퓨터와 관련된 최첨단 신사업이 논의되는 동시에 다른 한편에서는 냉장고와 세탁기같이 쉽게 만들 수 있는 기술품을 대부분 아시아와 멕시코에서 수입합니다. 왜 선진 기술에 높은 생산성을 갖춘 나라가 일상적으로 필요한 가전제품을 만들지 않을까요?

이러한 쇠퇴산업에서 생겨난 실업자들이 최첨단 신규 산업으로 이동해 흡수될 수 있을지는 다시 한 번 생각해봐야 합니다. 이러한 강한 의문에도 우리 사회는 이들을 위한 아무런 정책도 펴지 않고 그저 효율성의 논리로 자유무역을 부르짖고 수입의존성을 높여가고 있습니다. '과잉의 시대'에 부족해서 수입에 의존하는 일이 생긴다는 시장의 패러독스입니다.

대기업?
중소기업?

임마누엘 페스트라이쉬   두 분 이야기를 듣다보니 자유무역의 필요성에는 동조하면서도 문제인식에 대해서는 현격한 입장 차이가 있어 보입니다. 두 분을 모신 이유도 어떤 결론을 내기보다는 양쪽 견해를 정확히 알아보겠다는 의도가 컸습니다. 그에 대한 충분한 결과를 얻은 듯싶습니다.

이쯤에서 국내 문제를 이야기해보는 것이 좋겠습니다. 오늘날 한국 사회에서 자유무역에 관한 논의와 함께 뜨거운 이슈는 대기업 규제와 중소기업 지원, 즉 이 둘의 공생과 관련한 문제입니다. 한국인에게 던져진 문제는 지금까지 한국 경제를 이끌어온 대기업 규제를 어느 선까지 해야 하느냐는 것입니다. 그리고 중소기업이 대기업과 경쟁할 수 있도록 정부가 보호막을 어느 선까지 처주고 지원해야 하는지가 논의의 핵심입니다. 예를 들어 '정부는 대기업이 빵집 체인이나 패스트푸드점을 열지 못하게 막아야 하나요?' 같은 매우 현실적인 질문인데요. 두 분은 어떻게 생각하시는지요?

클라이드 프레스토위츠　　거대 다국적기업들이 규모의 경제와 기타 우위를 이용하여 개별 국가경제를 지배하는 것은 문제가 있다고 봅니다. 다만, 이 질문은 중소기업과 대기업 관계의 핵심은 아니라고 생각합니다. 핵심은 바로 진정한 경쟁이 무엇이며, 시장의 힘이 어디까지 작용하느냐는 것입니다. 저는 국내 시장에서 효과적인 경쟁 정책을 만드는 것이 매우 중요하다고 생각합니다. 그리고 이를 위해 독과점 금지 정책이 중요하다고 굳게 믿습니다. 세계화가 되고 기술이 발전한다고 해서 그 점이 달라지지는 않습니다.

혹자는 한국과 일본의 경우 독점금지를 법제화하지 못하거나 적정하게 집행하지 못하는 것이 심각한 약점이며 이를 이성적 방식보다는 감정적 방식으로 다루는 것이 문제라고 지적합니다. 미국은 전통적으로 독점금지 정책을 상당히 효과적으로 유지해왔습니다.

최근 미국은 이런 중요한 전통이 특수한 이해관계에 위협받는 상황에 처했습니다. 하지만 미국인은 독점이 무엇이며 그것을 어떻게 판단하는지, 또 어떻게 비판하는지를 잘 이해하고 있습니다. 유럽연합 역시 반독점정책에 대해서는 매우 엄격하게 규제해왔습니다. 아시아는 이런 면에서 훨씬 취약했던 것이 사실입니다.

다만 앞에서 말했듯이 이러한 독과점금지법은 동네 구멍가게를 보호하자는 감상주의적 차원을 말하는 것이 아닌 것 같습니다. 이런 구체적 사례는 마이크로소프트가 인터넷 익스플로러를 출시한 일과 같은 것입니다. 최초의 인터넷 브라우저는 넷스케이프였습니다. 우리는 모두 넷스케이프를 통해 인터넷을 처음 접했습니다. 그러나 오늘날 넷스케이프는 사라졌습니다.

어째서 이런 일이 일어났을까요? 바로 마이크로소프트가 새로운 검색엔진인 인터넷 익스플로러를 윈도에 묶어서 내놓았기 때문입니다. 다시 말해 마이크로소프트는 윈도 통제력을 이용해 모든 컴퓨터 운영 시스템에 대한 독점권을 행사하면서 소비자들에게 인터넷 익스플로러를 사용하라고 강제했습니다. 그러므로 마이크로소프트는 독점적 지위를 이용하여 매우 경쟁력 있는 넷스케이프를 죽이고 그 시장을 빼앗은 것입니다. 그 결과 시장은 경쟁이라는 면에서 손실을 입었으며 미국 전체로는 경쟁력 있는 기업과 자산을 잃게 되었습니다.

저는 미국 정부가 그 당시 독과점금지법으로 마이크로소프트에 소송을 제기했어야 한다고 생각합니다. 그렇게 하지 못한 결과를 오늘날 목격할 수 있습니다. 오늘날 브라우저 시장에 의미 있는 경쟁은 존재하지 않습니다. 모든 브라우저는 그보다 큰 기업들, 즉 마이크로소프트와 구글의 일부가 되어버렸고 그 분야에서 이렇다 할 혁신은 일어나지 않고 있습니다. 그 피해는 결과적으로 소비자에게 돌아가는 것이고요.

반독점 활동이 무엇을 의미하는지 명확히 이해함으로써 동네 중소상인에 대한 감상적 시각 때문에 정작 중요한 것을 놓치는 잘 못을 범하지 말아야 한다고 생각합니다. 소규모 점포와 경쟁하는 월마트는 고객들에게 아무것도 강요하지 않습니다. 마이크로소프 트가 윈도의 절대적 시장 통제력을 이용해 소비자의 선택권을 빼 앗은 독점적 횡포와 다르다는 것입니다. 월마트는 고객에게 '우리 가게에서 옷을 사려면 신발도 함께 사야 한다'고 강요하지 않습니 다. 그러나 마이크로소프트는 그렇게 했습니다. 마이크로소프트는 운영 시스템을 사려면 브라우저도 함께 사야 한다고 소비자에게 말했습니다. 이러한 차이를 명확히 이해한다면 동네 빵집을 살리 기 위해 특정 기업을 제도적으로 압박하는 행위는 옳지 않다고 생 각합니다.

임마누엘 페스트라이쉬 우리 집 근처 골목에도 괜찮은 커피숍이 있습니다. 그러나 그 커피숍은 국내의 한 대기업이 운영합니다. 그

옆으로 얼마 안 가면 이웃이 운영하는 빵집이 있습니다. 저는 이웃이 운영하는 가게에 자주 가고 싶지만, 조명이 화려하고 매력적인 대기업이 운영하는 커피숍에 더 자주 갑니다. 나 자신도 어쩔 도리가 없습니다. 이것이 일상적인 시장논리이자 경쟁논리겠지요. 그런데 문제는 이런 상황에서 이웃의 미래는 불 보듯 뻔하다는 사실입니다. 이런 이유로 최근 여론은 정부가 이런 상황에 어떠한 형태로든 규제를 가해야 한다고 보는 것 같은데요.

클라이드 프레스토위츠　그건 근본적인 문제 해결책이 아니라고 생각합니다. 그런 정책이 시행된다고 해서 소규모 소매업체들이 대형 할인점을 상대로 경쟁력을 갖출 수는 없기 때문입니다. 사람들이 소규모 업체들의 특별한 서비스를 받기 위해 비용을 조금 더 지불할 용의가 있거나 동네 가게의 친밀함이 좋아서 품질이 다소 떨어지는 것쯤 감내할 수 있다면 그런 가게를 계속 이용할지도 모릅니다. 하지만 많은 소규모 업체가 살아남을 수 없는 이유는 쉽게 말해 소비자들이 대형 할인점을 더 좋아하기 때문입니다.

　대형 할인점은 가격이 싸고 품질과 서비스도 믿을 수 있습니다. 시장의 개념에서 경쟁우위에 있는 대형 할인점을 마다할 이유가 없습니다. 그러한 변화는 근본적인 경제흐름의 변화에 따라 주도된 것이니만큼 법규로 제한할 수 있는 것이 아니라고 생각합니다.

임시처방으로 불가항력적인 대세를 거스를 수 있는지에 대해서는 아주 회의적입니다. 내수시장은 끊임없이 변하고 있고, 어떤 정책을 취하든 소규모 업체들은 불리한 위치에 놓일 수밖에 없습니다. 어쨌든 고객들은 누가 시켜서가 아니라 자신들이 선택한 대형 할인점에 갑니다. 고객들이 대형 할인점을 더 좋아하는데 그들에게 소규모 업체를 이용하라고 정부가 강제할 수 있는 수단에는 과연 무엇이 있겠습니까? 그런 식의 인위적 대응은 어떤 것이든 의도하지 않은 부작용을 일으켜 결국에는 소규모 업체나 소비자들에게도 좋지 못한 결과만 초래합니다.

예를 들어 스타벅스는 미국 어디서나 찾아볼 수 있고, 이제는 한국에서도 마찬가지가 되었습니다. 요즘 제가 사는 동네에는 소규모의 독립적인 커피숍이 몇 곳 남아 있습니다. 가격이 스타벅스보다 상대적으로 비싸지만 그곳에서만 느낄 수 있는 서비스 때문에 아직도 그곳을 방문합니다. 저는 그 가게의 분위기를 좋아하며 그것 역시 서비스의 일부입니다. 그렇지만 결국 그런 가게들은 사라질 것이라는 사실을 느낄 수 있습니다. 그곳을 계속 방문하는 저 같은 사람이 많지는 않기 때문입니다.

혼다 히로쿠니　　문제는 중소기업과 자영업자들의 도태가 산업, 유통, 서비스의 효율을 높이느냐는 것입니다. 일본에서는 제조업

분야에서 눈에 띄게 기술개발의 기반이 무너지고, 인재를 잃어가고 있으며, 소매업과 서비스업은 저가이기는 하지만 몰개성적이어서 선택의 폭이 없는 시장으로 변질되고 있습니다. 이는 곧 그들이 떠받쳐온 지역경제와 커뮤니티의 쇠퇴를 불러오고 있습니다. 프레스토위츠 교수님께서 지적하신 대로, 대형 체인점의 소매와 서비스는 소비자가 품질이 안정된 제품을 싸게 얻는다는 점에서 장점이 있습니다. 반면에 지금까지 나름대로 가치를 인정받으며 그와 같은 서비스에 종사해온 사회 중산층이 자유화 속에서 급속히 소멸되는 현실은 매우 심각하게 생각해야 합니다.

이따금 학생들과 한잔하러 가는 일이 있습니다만, 그들은 시급 800엔 정도를 받고 아르바이트를 하기 때문에 싼 선술집이 아니면 가기 싫어합니다. 요즘은 시급을 받고 일하는 성인들이 늘어 학생들과 비슷한 지출능력밖에 없는 이들이 많아지고 있습니다. 이런 일이 계속된다면 거리에서 고급 레스토랑과 바는 없어질 겁니다. 그들은 대형 체인점에서 일합니다. 커피 체인점은 번창하더라도 거기에서 일하는 점원이 저임금을 받는다면 도시 전체의 소비능력은 떨어집니다. 시장 메커니즘의 이론대로 적용한 결과 질 좋은 바나 레스토랑은 모습을 감추게 됩니다. 이러한 현상이 지금 일본에서 전국적으로 일어나고 있습니다.

한국도 단기적인 관점에서 본다면, 프레스토위츠 교수님이 말씀하신 대로 대기업의 동네 빵집 진출은 크게 소비자들에게 더 좋은 제품을 더욱 낮은 가격에 제공한다는 시장적 가치로 매력적일 수 있습니다. 그렇지만 이러한 이유로 그간 사회의 중요한 중간 소비 계층을 이뤄온 자영업자들이 위축되고 이를 기반으로 한 중소기업들이 위축되었을 때 국가 경제는 매우 심각한 위기에 빠져들 수 있습니다.

그렇기 때문에 분배 면에서는 소득보장과 최저임금의 인상 등 정책적 고려가 필요합니다. 그러한 조치 없이 자유무역을 추진해나갈 수는 없습니다. 사후에 조정하는 것으로는 잃어버린 것들을 쉽게 찾아올 수 없습니다.

2012년,
국부론 그리고 진화론

임마누엘 페스트라이쉬　두 분이 정말 다른 관점에서 이야기를 많이 해주셨습니다. 이 책을 읽는 한국의 독자들이 이러한 차이에 대해 들어볼 기회가 있었다는 점에서 이 모임의 의미가 매우 크다고 생각합니다. 이쯤에서 마지막 말씀을 들으면서 이 장을 마무리하려 합니다.

많은 사람이 외국에서 들어온 값싼 물건 때문에 사회가 변해가고 무역이 지역경제에 부정적 영향을 미친다고 걱정합니다. 그런데 우리 스스로 이런 무역으로 발생하는 비용, 부정적 영향에 대해서 솔직해져야 합니다. 무역에서는 분명 승자와 패자가 있습니다. 어떠한 경우에는 패자를 양산하면서까지 무역을 해야 하는지 고민하게 할 정도로 얻는 것보다 잃는 것이 클 때도 있습니다. 그러나 중요한 것은 욕망을 더 솔직하게 인정하는데서 이 이야기를 시작할 수 있다는 것입니다.

무역이 없는 세상에서 살 수 있을까요? 우리는 과거 일부 국가들이 자국 산업을 보호하기 위해 무역을 극단적으로 제한한 결과가 어땠는지 알아야 합니다. 청나라만 해도 무역을 극도로 제한한 결과 국가에서 생산하는 제품과 기술의 질이 떨어지면서 문화적 고립에 빠지고 결국 국가 경쟁력이 쇠락했습니다. 반대로 일본은 19세기부터 무역에 개방적인 자세를 취했고 활발히 교역한 결과 경제성장을 이루었습니다. 구소련도 좋은 사례입니다. 많은 국가 정책이 국내 산업을 보호하는 데 집중하는 형태로 개발되고 국가가 경제를 주도한 결과 국민이 궁핍해졌습니다.

인간의 탐욕스러운 욕망과 기업의 사악하고 잔인한 탐욕을 막고자 한 구소련의 최후는 어땠습니까? 사회적 정의라고 불린 국가와 전체주의의 잔인성은 그들이 우려했던 시장의 잔인성 이상이었습니다. 특정 리더들은 국가라는 이름으로 권력을 사유화했고 힘을 남용했습니다.

프레스토위츠 교수님의 의견에서 개인과 지역 경제, 즉 약자를 위한 대안에 문제점이 포함되어 있습니다. 그러나 원칙적 논리에는 동의할 수밖에 없습니다. 다른 한편으로 히로쿠니 교수님이 제안한 내용은 무역을 통해 생겨나는 약자들에 대한 배려 측면에서 동의할 수밖에 없습니다.

이와 아울러 정부의 권력이 커짐으로써 정부가 사회의 많은 부분을 제어함에 따라 발생할 수 있는 부정적 문제에 대해서 곰곰이 생각해봐야 합니다. 세상을 개선하려는 사람들이 규제를 지배할 때는 규제가 좋게 사용됩니다. 하지만 그것이 개인의 권력을 위해 사용된다면, 시장의 힘에 지배되는 것보다 더 비극적인 상황이 벌어질 수 있습니다.

다시 원래 질문으로 돌아가 이야기를 해봅시다. 우리는 시장을 믿어야 할까요? 아니면 정부를 믿어야 할까요?

경제와 무역을 이해하려면 경쟁이라는 단어를 이해해야 합니다. 우리는 경쟁이라는 단어를 거의 모든 영역에서 사용합니다. 그리고 이는 전통사회와 현대사회의 근본적 차이를 규정짓는 기준입니다. 우리는 경쟁력을 갖추기 위해 무역을 하고 경쟁력을 유지하기 위해 무역에서 발생하는 희생을 견뎌냅니다.

1776년, 미국이 영국으로부터 경제적 독립을 선언했을 때, 애덤 스미스Adam Smith는『국부론Wealth of Nation』을 출간했습니다. 이 책의 핵심, 즉 중심은 바로 경쟁입니다. 가치는 경쟁에 의해 생성되는데 (자유경쟁이론natural competitive principle) 인간이 조정하거나 만든 그 어떤 규칙보다 믿을 만하고 정직합니다.

1859년, 찰스 다윈Charles R. Darwin은 애덤 스미스의 경쟁 콘셉트를 기반으로 책을 출간했습니다. 그리고 이를 인간을 포함한 모든 생물의 자연 진화 과정과 접목했습니다. 다윈의 진화론을 담은『종의 기원On the Origin of Species』에서는 경쟁은 물론 진화하기 위해 경쟁상대를 제거하는 잔인한 과정이 필요하다고 제안했습니다. 그는 이러한 과정이 자연적이며 이를 거쳐 인류와 생물이 진화한다고 설명했습니다.

이 책 두 권은 우리가 세계와 경제를 어떻게 이해하느냐에 대한 좋은 실마리를 제공합니다. 두 책 모두 인간을 조정하고 진보·진화시키는 수단으로써 경쟁의 필요성을 설명합니다. 이런 측면에서 본다면 인간의 모든 경제활동을 규제하는 것은 사실상 불가능하다는 프레스토위츠 교수님의 주장은 상당 부분 일리가 있습니다. 다윈의 관점에서 보더라도 경쟁의 필요성은 인정할 수밖에 없습니다. 진화하려면 승자와 패자가 있어야 합니다.

이러한 전제를 바탕으로 투명성과 정직성에 대해 고민해야 합니다. 프레스토위츠 교수님은 상호 믿음과 관련된 매우 본질적인 부분을 거론하셨습니다. 한국인이 FTA 협상 과정에서 미국인을 신뢰하지 못하는 것만큼 미국인도 한국인을 신뢰하지 못한다는 느낌을 지울 수 없었습니다. 그 이유가 무엇일까요?

미국인은 한국과 미국의 관계를 한국인이 생각하듯이 강 대 약의 불평등 구조로 보지 않는 것 같습니다. 한국은 세계 경제에서 매우 경쟁력 있는 개체로 인식되고 있습니다. 어떤 면에서는 미국보다 더 영향력 있는 상대로 여겨집니다. 그런데 한국과 미국이 협상할 때 한국인은 한국을 미국과는 비교할 수 없을 만큼 힘없고 약한 나라로 치부하면서 이러한 논리를 바탕으로 미국을 상대합니다. 상대가 이러한 태도를 보이니 미국인은 상대를 믿기 어려워합니다.

미국인으로서 볼 때 한미 FTA 협정에서 미국이 한국 경제에 미치는 영향 이상으로 한국이 미국 경제에 미치는 영향이 엄청나게 클 수 있습니다. 한국은 미국에 공장을 많이 지을 것이고, 구조적으로 미국 경제의 많은 부분에 직접 영향을 미칠 것입니다. 하지만 직접적 영향력의 관점에서 본다면 한국에 대한 미국의 영향력은 오히려 미미할 수 있습니다. 단적으로 미국은 한국에 공장을 짓지 않을 것입니다. 대부분 1차 생산물을 팔거나 3국에서 만들어진 제품을 한국에 파는 형태로 접근할 것입니다.

무시할 수 없는 중요한 문제는 미국이 다변화된 경제산업 구조에서 단순 경제산업 구조로 전환되었다는 사실입니다. 이는 시간이 갈수록 미국이 더 많은 제품을 수입하는 반면 제품은 덜 만들어내며, 전문영역에서 의존성이 더욱 높아진다는 것을 의미합니다.

한국은 미국보다 협상력이 약하다고 하면서 이 상황이 결과에까지 영향을 미친다고 합니다. 하지만 정말 한국이 약자일까요? 한국과 미국의 견해 차이가 이 지점에서 가장 큽니다. 미국은 이러한 한국의 인식 또는 태도가 일종의 속임수 같은 전술은 아닐까 생각하는 것 같습니다. 그리고 앞서 이야기한 것처럼 이러한 견해 차이 때문에 상호 믿음에 문제가 생기는 것이 아닌가 생각합니다.

이런 측면에서 본다면 미국은 한국의 농업개방 문제를 FTA 협상에 따른 문제라기보다는 협상 이후 한국의 국내 문제로 생각하는지도 모르겠습니다. 즉 협상 결과 소외 산업이나 피해 산업이 나오는 것은 국내 정치 문제로 보아야 한다고 인식하는 것입니다.

결국 이런 관점에서 보면 두 분의 논의는 다른 차원의 것처럼 보입니다. 프레스토위츠 교수님이 무역을 그 자체로 옳고 그르다는 관점에서 바라봤다면 히로쿠니 교수님은 장기적 관점에서 무역의 문제점을 거론했습니다. 즉 무역을 승자와 패자 논리 이상의 문제로 본 것입니다. 프레스토위츠 교수님과 히로쿠니 교수님이 언급했듯이 한국에서 논의되었지만 국민적 합의점에 이르지 못한 한미 FTA 문제도 서로 이러한 견해차가 있는 것은 아닌지 궁금합니다.

중소기업과 관련해서는 그들이 매우 어려운 처지에 놓여 있다는 인식 이면에 프레스토위츠 교수님이 지적한 사실을 인식할 필요가 있습니다. 이는 단순히 정부가 시장에 얼마나 개입하느냐는 문제가 아닙니다. 다윈의 진화론과 관련해서 생각해야 합니다. 즉 티라노사우루스가 출현했을 때 이것이 얼마나 불공정한 일인지 논의하는 식의 비현실적·감성적으로 문제를 풀려는 것은 아닌가 하고 말이죠.

히로쿠니 교수님은 중소기업이 경쟁력 측면에서 얼마나 어려운지 확실히 인식하고 있습니다. 히로쿠니 교수님은 그동안 우리 사회를 지탱해왔고 앞으로도 지탱해야 할 중산층을 공룡들이 얼마나 쉽게 잠식하고 파괴하는지 지적했습니다. 이런 측면에서 볼 때 프레스토위츠 교수님은 장기적 관점에서 우리가 그들을 위해, 사회를 위해 무엇을 해야 할지 언급하지 않았습니다.

그렇다면 무엇이 가장 좋은 해결책이 될 수 있을까요? 중소기업에 대한 지원은 반드시 해야 합니다. 다만, 이들을 어떤 방법으로 도울지 그리고 이들을 돕는 데 어떻게 사회적 합의를 이끌어낼지가 중요한 문제입니다.

먼저 이들에 대한 국가 사회적 지원을 정당화해야 합니다. 일부에서는 이를 공정한 시장정신을 훼손하는 역차별이라고 반대합니다. 공공기금을 지원해 개발한 많은 국가 인프라, 예를 들면 항만을 포함한 교통 인프라의 최대 수혜자는 대기업입니다. 그 밖에도 국가적으로 받는 특혜와 사회적 비용을 고려할 때, 건전한 사회를 만들기 위해 중소기업에 사회적 지원을 하는 것은 방향을 제대로 잡은 것입니다.

이들에 대한 지원 방식에서도 단기적·전시적으로 접근하는 것이 아니라 근본적 변화를 이끌어낼 수 있어야 합니다. 그런 측면에서 이들을 위한 교육적 지원이 필요합니다. 이들은 이를 기반으로 경쟁력을 갖추고 대기업과 경쟁할 수 있게 되니까요.

그러나 이러한 변화의 중심에는 사람들의 근원적 변화, 즉 철학적·문화적 변화가 있어야 합니다. 그래야 행동과 생각이 바뀝니다. 이 방법만이 진정한 변화의 시작점이 될 수 있습니다. 물론 시간이 많이 걸릴 것입니다. 정부만 노력한다고 해서 될 영역이 아닙니다. 이는 정책을 만드는 사람들뿐 아니라 지식인과 일반 시민까지 인식을 바꾸어 자발적으로 참여해야만 가능한 일입니다. 이러한 과정을 통한 한국 사회의 건전한 변화를 기대해봅니다.

Chapter **6**

복지,
어떻게
바꿀 것인가?

실비아 알레그레토Sylvia Allegretto 에카르드 슈뢰터Eckhard Schroeter

실비아 알레그레토는 UC 버클리대학교 경제학과 교수이자 임금 및 고용 역학센터 의장
으로 있다. 교수로 재직하기 전에는 워싱턴의 비영리 초당파 싱크탱크인 경제정책연구소
(Economic Policy Institute)에서 7년간 연구원으로 근무했으며, 미국 노동연구와 관련해 주목받
는 복지 전문가로 알려져 있다.

에카르드 슈뢰터는 독일 제플린대학교 공공행정학과 학장이다. 공공영역 개혁 부분 전문가로
이를 위한 사회적 트레이닝 프로그램 개발로 알려져 있다. 독일학자협회 부회장이자 공동창립
자다.
『독일과 영국의 공공정책 비교(Comparing Public Reform in Germany and the UK. Empirische
Policy)』 등의 저서로 알려져 있다.

미국의 치부를 들추다

임마누엘 페스트라이쉬   한국에서 본 2012년 최대 정치사회적 이슈는 복지인 듯 싶습니다. 그러나 이에 대한 담론이 국민적 합의를 이루지 못해 방황하고 있다는 느낌을 지울 수 없습니다. 이러한 이유로 미국의 경제학자와 독일의 사회학자를 모시고 각국의 복지 현안에 대해 이야기해보고자 합니다.

두 분의 복지 이야기가 유럽과 미국의 복지에 대한 이해도를 높이는 데 충분한 의미가 있을 뿐 아니라 앞으로 한국이 지향할 복지의 형태를 그려보는 데도 매우 의미 있고 뜻 깊은 자리가 될 것이라고 생각합니다. 먼저 알레그레토 교수님이 미국의 현재 복지 상황을 설명해주시죠.

실비아 알레그레토   좀 가볍게 이야기를 시작할까 합니다. 오늘 지인과 만나 대화를 나누었는데, 그는 사회복지제도에 전혀 신경 쓰지 않을 정도로 돈이 있으면 좋겠다고 했습니다. 그렇게 된다면 어떠한 환경에 처하든 정부의 연금계획에 의지하지 않고 모든 투자 결정을 직접 내릴 수 있을 거라는 점을 전제로 그렇게 이야기했을 것입니다.

하지만 현실적으로 사람들은 대부분 그러한 상황을 맞이할 수 없습니다. 사람들이 적당한 금액의 적금을 붓고, 퇴직을 준비할 정도로 돈을 벌며, 보험료를 내고 퇴직을 책임질 만한 돈을 번다면 얼마나 좋겠습니까? 하지만 그런 환경을 갖춘 사람은 미국에도 극히 적습니다.

지난 40년간 미국의 빈부격차는 전례 없이 커졌습니다. 새로운 부(富)의 시대가 왔지만 이것은 일반인과는 무관한 이야기입니다. 우리가 보아온 '성장'은 극히 일부 사람들에게 돌아갔으며 이러한 '성장'이 최고 기록을 세우는 동안 중산층의 수입에는 변함이 없었습니다. 하루하루 일상을 걱정해야 하는 대다수 미국인에게 이러한 '성장'은 먼 세상 이야기였습니다.

지난 몇 십 년 동안 미국의 수많은 근로자의 수입이 동결되거나 줄어들었습니다. 문제는 그들이 갈수록 돈을 적게 벌면서 동시에 건강보험, 퇴직금 등 여러 종류의 서비스에 돈을 더 많이 내도록 요구받는다는 사실입니다.

게다가 미국에는 이제 근로자를 위한 연금체계는 없습니다. 401K(개인이 운영하는 퇴직예금)를 위해서는 상당한 금융 지식이 필요합니다. 아울러 고용주는 이제 더는 고용인의 복지를 책임지지 않는 구조가 되었습니다.

미국은 연금보험, 건강보험 등 정부나 기업의 고용주가 개인에게 제공해야 할 보편적 복지 측면에서 많은 변화를 겪었습니다. 불행하게도 복지의 몫이 정부나 고용자에서 개인에게로 돌아갔습니다. 반면에 임금은 그러한 체계적 변화를 책임 있게 지원할 정도로 오르지 않았습니다.

그렇다고 이러한 변화 문제를 단순히 기업의 몫으로 돌리는 것도 옳지 않습니다. 지난 몇 년 동안 미국의 GDP 대비 기업이익률은 역사상 유례없이 증가한 반면 노동자들의 임금률은 감소함으로써 미국 경제는 매우 건강하지 못한 구조를 보였습니다. 고용인의 고용보험, 퇴직보험을 부담할 수 없는 회사도 매우 많은 것이 현실입니다. 즉 기업 간 양극화도 심화되었습니다. 이러한 불평등 구조에서는 정부가 개입해 주된 역할을 할 필요가 있었습니다.

그러나 미국 정부는 금권정치를 하고 있습니다. 즉 부자를 위한 국가, 부자들이 지배하는 국가가 되어버렸습니다. 이러한 구조적 변화는 사회적 복지 시스템에도 심각한 문제를 가져왔습니다. 이런 측면에서 미국은 독일이나 한국에 비해 훨씬 심각한 상태에 놓여 있습니다.

에카르드 슈뢰터   독일은 기업이 아닌 정부 차원에서 개인을 지원하는 형태의 복지체계를 가지고 있습니다. 지원 대상은 개인과 중소기업, 단체가 되겠지요. 일반적인 이야기겠지만 복지정책에는 위기관리 시스템의 관점에서 접근해야 합니다. 우리는 살면서 건강과 복지를 위협하는 여러 상황에 처하게 됩니다. 즉 고위험에 빠지면 나를 구성하고 있는 상위집단에 문제 해결을 의뢰하거나 지원을 요청할 수 있고 상위집단은 이를 해결해줘야 할 의무가 있다는 생각에서 복지를 바라봅니다.

독일의 복지체계에서는 전통적으로는 직장이 개인을 보호하는 상위집단 역할을 해왔습니다. 근로자들과 고용주들이 매달 동일하게 건강보험, 실업수당, 연금을 위해 돈을 지불했습니다. 이러한 보험자금은 국가법을 따르며 투명하게 운영되지만 사실은 정부에서 경영했다고 볼 수 있습니다.

정부는 모든 시민이 복지혜택을 받도록 보험 프로그램을 필수로 했으며, 복지 서비스에 특정 수준을 정하도록 규제의 틀을 제공했습니다. 그렇지만 복지 서비스를 직접 제공하는 주체는 대부분 정부가 아니라 의사와 병원, 요양소 등 사적 기업이나 비영리단체입니다.

독일에서는 개인적 복지 서비스의 경우, 비영리단체나 자원봉사단체에서 중요한 역할을 합니다. 즉 개인과 기업이 자원을 마련하고 정부가 큰 틀을 만들어 투명하게 관리하며, 이를 실질적으로 집행하는 기관은 사적 단체 또는 비영리단체가 되는 구조입니다.

홍미로운 점은 북미인과 유럽인이 사회보험제도에 지출하는 비용은 수입 대비 비율이 거의 같은데 사용처가 매우 다르다는 것입니다. 미국의 경우 보험료가 대부분 사적 기업(주로 보험회사이지만)에 지불되는 반면 유럽은 정부기관에 지불됩니다. 왜 이러한 차이가 있는지 의문입니다.

이는 사회와 구성원이 무엇을 더 신뢰하느냐는 문제이기도 한 듯싶습니다. 즉 기업을 더 신뢰하느냐, 정부를 더 신뢰하느냐는 문제입니다. 그런 측면에서 보면 복지를 거론할 때 사회적 신뢰관계를 생각해볼 필요가 있습니다.

유럽식? 미국식?

임마누엘 페스트라이쉬 조금 더 현실적이고 구체적인 사례를 들어 이야기해보지요. 많은 선진국과 마찬가지로 오늘날 한국도 빠르게 진행되는 인구 고령화 문제를 걱정하고 있습니다. 고령화 문제는 노인복지, 퇴직, 노후 일자리 등 많은 복지 현안과 연결되어 있습니다. 이 분야에 대한 양국의 복지 현실이 궁금합니다.

실비아 알레그레토 미국 역시 인구 고령화를 겪고 있으며 아동

수가 예전에 비해 급격히 줄어들었습니다. 미국과 한국의 차이점은, 미국은 빈자리를 채우는 이민자가 많아서 특정 인구 그룹이 노령화되더라도 전반적으로는 필요한 청년층이 노동시장에 합류한다는 것입니다.

그에 반해 이민정책이 미국에 비해 폐쇄적인 한국의 경우, 이 문제가 더 심각할 것입니다. 한국인은 어려운 정책을 결정해야 합니다. 노령 인구를 부양할 젊은 층이 적은 상태로는 역삼각형 복지체계를 감당할 수 없습니다. 이러한 형태로 이상적인 복지 시스템을 유지한다는 것은 사실상 불가능하기 때문에 변화가 필요합니다.

적은 수의 젊은이에게 노인 부양을 기대하는 것은 합리적이지 못합니다. 한국은 전통적인 유교문화를 바탕으로 노인을 위한 사회적 의무에 국민적 합의 또는 연대감이 있습니다. 하지만 노인 부양에 현실적 부담이 가중될 때는 사회적으로 매우 큰 압력이 될 수 있습니다.

미국의 경우 최근 두 차례 불황 때 실질적으로 고용률이 늘어난 근로 집단은 55세 이상 미국인이었습니다. 그 이유가 무엇일까요? 퇴직이나 은퇴에 대해 준비되지 않았거나 특정 의료혜택을 유지할 수 없는 노인들이 직장에 남거나 직장으로 돌아왔기 때문입니다. 즉 많은 노인이 어쩔 수 없이 직장에 머물 수밖에 없는 환경인 것입니다.

미국의 경우 경제적 위기로 많은 노인이 일을 그만둘 수 없게 되었습니다. 그 결과 노인이 자리를 차지하고 있기 때문에 젊은이의 신규고용이 위축되고, 청년층의 취직 기회가 줄어드는 매우 부정적인 연쇄효과가 일어났습니다. 이는 궁극적으로 청년을 위한 일자리를 압박하고 실업률을 높였습니다.

그뿐만 아닙니다. 고령화로 미국에서 많은 문제가 발생하고 있거나 발생할 것입니다. 현재 많은 노인이 아주 적은 금액을 저축하고 있거나 아예 저축을 하지 못하고 있습니다. 많은 미국인이 최근의 경제위기 때 자신들의 주택 가치가 떨어짐으로써 경제적 손실을 봤습니다. 그래서 많은 노인이 전혀 예상하지 못한 정도로 미래의 불안함에 노출되어 있습니다. 퇴직할 시기에 모든 것을 잃었거나 빚을 지게 된 50~60세에게 어떤 일이 일어날지 알 수 없습니다. 그런데도 이들을 위한 뚜렷한 사회복지 시스템이 없는 것이 미국의 현실입니다.

에카르드 슈뢰터 독일에는 고령화에 대처할 수 있는 다양한 사회복지 시스템이 갖춰져 있습니다. 정부는 고령화에 대비해 복지를 확대하려고 노력하는 동시에 이에 따라 추가로 발생하는 비용을 부담하기 위해 부분적으로 복지 시스템을 축소 조정하기도 합니다.

한 예로 독일은 필수장기치료보험Mandatory Long-Term Care Insurance Program이라는 제도를 신설했습니다. 이는 집에서 치료를 받아야 하는 노인의 의료비용을 지원하거나 고령의 부모를 모시고 있는 가정을 금전적으로 지원하는 제도입니다. 이를 통해 고령화된 노인들의 복지혜택을 늘렸습니다. 물론 재원은 기업과 일반 시민이 공동으로 세금을 내서 마련했습니다.

반면에 이러한 추가 비용 부담을 줄이기 위해서도 노력합니다. 정년을 65세에서 67세로 연장하고 정부 보조금 외에 사기업의 보험을 복수로 들도록 시민들을 교육한다든지 하는 노력이 좋은 사례입니다.

하지만 고령화 사회를 위한 대책에는 좀 더 근본적인 사고의 전환이 필요합니다. 즉 단순한 금전적 지원의 범위를 넘어서야 합니다. 저는 이를 평생교육의 확대와 새로운 보건정책으로 이야기하고 싶습니다. 아울러 노인의 새로운 생활방식에 대해서도 창의적으로 접근해야 합니다. 어떠한 생활환경과 보호체계를 구축해야 할지 말입니다. 이를 위해서는 가치관과 우선순위에 대한 생각의 전환이 필요합니다.

독일의 사회복지 시스템에서 긍정적 측면은 3만 5,000명 이상이 2011년 새로 도입한 '연방 봉사활동 사업'에 등록해서 자원봉사자로 활동한다는 것입니다. 즉 공동체를 위한 시민의 자발적 참여의 식이 복지국가를 든든히 지원하고 지탱하고 있습니다.

임마누엘 페스트라이쉬　한국은 경제적으로 놀랍게 발전했습니다. 하지만 복지 측면에서는 유사한 경제수준을 갖추고 있는 국가들에 비해 매우 뒤처져 있다고 여기는 것 같습니다. 물론 아쉽고 부족한 부분도 있지만 기초교육과 같은 측면에서는 매우 훌륭한데도 실제보다 더 부정적으로 보는 것 같습니다.

그러다보니 사회복지 시스템을 개선하기 위해 경제적으로 우위에 있는 선진국을 참고하려 하는데 그 대상이 미국인 경우가 많습니다. 앞에서 말씀하신 것처럼 미국의 시스템에는 매우 심각한 문제가 있는데도 말입니다.

실비아 알레그레토　미국이 더 부유해지면서 금융 산업은 더욱 정교해지고 강해졌으나 모든 산업과 국가 시스템이 항상 효율적으로 발전하지는 않았습니다. 미국의 금융 산업을 제외한 산업들과 일반 노동자들의 삶의 질은 결코 나아지지 않았습니다. 캘리포니아대학교 학생의 평균 학비는 지난 몇 년 동안 100% 증가했습니다. 금융권에서 일하는 부모로서는 그 학비가 큰 부담이 안 될지 모르지만 그 밖의 산업에서 일하는 중산층 부모에게는 엄청난 부담이 됩니다.

미국은 부유해졌지만 중산층과 저소득층의 생활은 더 어려워졌습니다. 은행의 구제비용은 충분하지만 일반인의 고용기회를 창출하는 것과는 거리가 멉니다. 이러한 시스템을 좋은 사례로 참고하겠다는 말은 쉽게 이해되지 않습니다.

임마누엘 페스트라이쉬　미국은 왜 이렇게 변했습니까? 알레그레토 교수님이 주장하는 복지와 교육에 대한 생각, 예를 들면 대학은 무상교육을 해야 한다는 것은 1940~1950년대 미국에서는 표준적인 생각입니다. 심지어 당시 보수주의자들도 유사한 주장을 했습니다. 그랬던 미국의 변화는 어디서 시작되었을까요?

실비아 알레그레토　대공황 이후 사람들은 경제위기가 무엇인지 알게 되었으며 위기에서 자신들을 보호해줄 사회보장체계를 신뢰하게 되었습니다. 미국은 경제공황을 극복하기 위해 정부 주도 아래 사회 인프라를 구축하는 사업을 많이 진행했습니다. 이러한 공공지출로 많은 사람이 혜택을 얻었습니다. 다양한 사회보장체계와 국가의 적극적인 시장 개입이 좋은 예였습니다.

지금은 그 당시와 비슷한 위기를 맞이하고 있습니다. 그러나 경제위기에서 국가는 인프라 재건에 우선적으로 예산을 많이 쓰지 않습니다. 그렇다면 예산을 어느 곳에 가장 많이 쓰겠습니까? 2008년, 우리는 월가와 탐욕스러운 투자가들을 구제하기 위해 천문학적인 예산을 지출했습니다. 일자리를 창출하기 위한 사회적 인프라 프로그램의 지출 내역은 쉽게 찾아볼 수 없습니다. 즉 정부가 지출하지 않은 것이 아니라 그 쓰임의 대상과 목적이 달랐던 것입니다.

1930년대 캘리포니아 주는 정부의 적극적 투자로 엄청나게 발전했습니다. 예를 들면 캘리포니아에 있는 대학교에 공공지출을 함으로써 이곳의 대학들을 세계적인 일류 대학으로 만들었습니다. 국가의 공공교육에 대한 투자가 이러한 결과를 만들었습니다. 그리고 미국은 이러한 공공교육에 막대하게 투자함으로써 엄청난 혜택을 보았습니다.

1950년대 대학 교육은 거의 무상으로 제공되었으며 1970년대 까지도 거의 무상이었습니다. 하지만 1970년대부터 어떤 이유로 교육에 대한 공공투자의 가치가 사람들에게 불명확해졌고 오늘날 이 지경에 이르게 되었습니다.

제 이야기를 해볼까요? 저는 미국의 평범한 중산층 가정에서 자랐는데, 저희 가족은 펜실베이니아의 시골에서 살았습니다. 아버지는 페인트공이었는데 수입이 많지 않았습니다. 어머니는 25년 간 공장에서 일하셨고 할머니는 35년간 공장에서 일하셨습니다.

우리 가족 중 대학교육을 받은 사람은 저 말고는 없습니다. 그러나 고향에서 각자 자신의 일을 사랑하며 평범하게, 행복하게 잘살았습니다.

최근 고향에 간 저는 충격을 받았습니다. 많은 사람이 직장과 복지 혜택을 잃어갔습니다. 이들은 이러한 현실에 대해 서로 불평을 늘어놓기에 바빴습니다. 시급 1만 5,000원을 받고도 든든한 국가와 사회가 있어 문제가 없던 그들이 직면한 현실은 받아들이기에 너무 힘들었습니다.

왜 이렇게 되었을까요? 미국의 중산층이 왜 이렇게 붕괴되고 있을까요? 결국 정치 문제입니다. 미국 정치를 완전히 변화시킨 시발점은 중산층이 낙태와 교내기도 같은 도덕적·종교적 이슈로 공화당을 지지한 것입니다. 특정한 정치적 성향이 없던 평범한 사람들은 특정한 도덕적 안건 때문에 보수적인 사람들로 떠밀려갔습니다.

하지만 우리는 미국에서 어마어마한 현실을 목격하고 있습니다. 많은 미국인이 스스로 "어떻게 된 거지? 매일 일어나서 열심히 일하고 규칙대로 살아왔는데 모든 것을 잃었어. 어떻게 된 거지?"라고 서로 묻습니다. 미국인은 왜 부자들은 하루가 다르게 더 부유해지는데 자신들의 삶은 더 황폐해지는지 정확한 이유도 모르면서 현실과 맞닥뜨리고 있습니다.

문제의 심각성은 이러한 서민들의 현실을 해결해줄 정당이 없다는 데 있습니다. 서민 편에 서 있던 민주당은 시간이 지날수록 보수화되어 기업의 이익에 관심을 집중하고, 공화당은 종교 단체의 주의를 끌려고 더 극우화되었습니다. 그 결과 꽤 심각한 상황이 되었습니다.

서민들은 정치에 염증을 느끼고 있습니다. 서민이 이렇게 정당이나 제도에 대한 신뢰를 완전히 잃으면 국가의 복지체계와 사회 복지제도에 대한 정비와 발전 또한 기대하기 어렵습니다.

양당은 서민에게 듣기 좋은 말만 합니다. 그러나 이면에서는 월가의 금전적 지원을 받습니다. 결코 자유로울 수 없는 일종의 부채감이 있는 거죠. 이로써 미국 시민들은 심한 박탈감에 시달리고 있습니다. 현재 전체 가구의 5분의 1에 해당하는 이들의 부동산 가격은 가계 부채만도 못한 수준으로 폭락했습니다. 연금과 복지를 주택에 크게 의존하는 상황이라 부동산 가격 폭락은 서민들에게 엄청난 타격을 주고 있습니다.

그런데 언론에서는 부동산 침체 문제를 다루지 않으며 현 사태의 심각성을 간과하고 있습니다. 많은 사람이 장기 실업 상태에 있으며, 노동자들은 자신들이 현 제도로부터 버림받았다는 생각을 하고 있습니다. 이는 대다수 미국 시민이 보편적으로 느끼는 감정입니다.

일부에서는 이러한 상황에서 미국의 노동자 계층이 보수당을 지지하는 것과 관련해 정말 이해할 수 없다는 반응을 보입니다. 그러나 저는 얼마 전에 본 다큐멘터리에서 그 실마리를 찾을 수 있었습니다. 남부 시골에 거주하는 한 남자는 인터뷰에서 이렇게 말했습니다.

"저는 종교의 편에 서서 공화당에 투표했습니다. 민주당은 노동자들을 위해 힘쓰겠다고, 사회복지 시스템을 견고히 하겠다고 떠벌리지만 정작 저에게 돌아오는 것은 아무것도 없죠. 그래서 그럴 바에는 차라리 제가 믿는 신에게 더욱 호의적인, 즉 제가 믿는 신에게 투표한 것이죠."

공화당은 노동자들을 대변하지는 않지만, 신을 이야기하고 도덕성을 강조합니다. 민주당은 갖가지 공약을 쏟아내지만 아무것도 바뀌지 않았습니다. 따라서 사람들은 어차피 아무도 자신들을 돌보지 않을 바에는 신을 지지하는 공화당 쪽에 서는 것입니다.

임마누엘 페스트라이쉬 근로 여성을 위한 보육문제에 대해서 얘기해보죠. 현재 미국의 보육 관련 복지정책은 어떠하며, 어떤 방향으로 가야 한다고 생각하십니까?

실비아 알레그레토 보육문제는 한국과 미국의 실정이 비슷하다고 들었습니다. 미국에서는 지난 30년 동안 여성의 경제활동과 관련하여 어마어마한 사회적 변화가 있었습니다. 현재는 일자리의 50%를 여성이 차지하고 있습니다.

하지만 미국에는 아직도 아동 보육 관련 정책이 거의 없습니다. 노동정책에서 변화가 없었습니다. 출산휴가도 제대로 보장받지 못하고 있고, 자녀 있는 여성들의 법적 휴가 제도도 마련돼 있지 않습니다. 노동자들에게 무엇을 제공하고 제공하지 않을지는 전적으로 고용주의 권한입니다. 서민들의 생활, 일하는 버릇, 가족 구성 등은 계속해서 변해왔지만 정책은 그대로입니다.

남성의 근로시간은 예나 지금이나 별로 바뀐 것이 없습니다. 변화는 풀타임으로 일하기를 요구받는 여성들에게서 나타났습니다. 결국 고통과 피해를 떠안는 쪽은 가계가 되었습니다.

임마누엘 페스트라이쉬 그렇다면 정부가 나서서 보육시설과 출산휴가 등 직장 내 여성의 처우 개선을 법제화하는 것이 옳다고 생각하십니까?

실비아 알레그레토 직장여성의 자녀를 위한 보육문제는 정부가 나서서 해결하는 것이 합리적입니다. 회사 규모가 작을수록 직장여성의 보육문제에 신경 쓰기가 어려운데, 이것이 고용주보다 정부의 노력으로 보육문제를 해결해야 하는 이유이기도 합니다. 고소득 직장여성은 비교적 자유롭게 휴가를 낼 수 있기 때문에 현 제도에 별 문제가 없다고 인식합니다.

하지만 일반 서민층 근로자는 처지가 다릅니다. 그들은 아이를 낳아도 쉽게 휴직할 수 없습니다. 항상 돈 걱정과 직장 스트레스에 시달리는 이들이 어떻게 아기를 돌볼 수 있겠습니까? 결국 이는 정부만이 해결할 수 있는 문제입니다.

한국에서도 출산율이 갈수록 낮아지고 있다는 이야기를 들었습니다. 이는 조금 다른 측면에서 생각해보면 여성들의 무언 투쟁이라고 할 수 있습니다.

임마누엘 페스트라이쉬　정치권은 언제나 그렇듯 자원문제를 거론합니다. 하지만 아동보육과 관련된 비용은 중요성이나 시급성에 비해 작을 것 같은데요. 왜 정부가 쉽게 지원하지 못할까요?

실비아 알레그레토　이는 정치적 문제라기보다 사회문화적 문제입니다. 즉 남녀에 대한 인식이 문제입니다. 사실 한국 여성은 미국의 남녀평등 문제를 매우 진보적으로 보겠지만 실제는 한국 여성이 처한 상황과 미국 여성이 처한 상황은 비슷합니다. 상당수 여성이 남편보다 더 적극적으로 사회활동에 참여하지만, 가정생활에서는 여전히 여자라는 이유로 더 많은 것을 요구받습니다. 특히 가사에 관한 한 변화는 미미한 수준입니다. 여전히 남성들은 요리, 장보기, 집안 청소, 애 보는 일에 비협조적입니다.

문화는 매우 더디게 변하는 데 비해 인구통계학적 변화는 상당히 급속도로 이뤄집니다. 사람들은 이런 빠른 변화에 제대로 대응하지 못합니다. 남성들은 부모 세대에게서 이어진 관습에 익숙해져 있고, 이러한 관습은 쉽게 깨지지 않습니다. 정부가 섣불리 제도로 변화시키기 어려운 부분이죠.

임마누엘 페스트라이쉬 주택 관련 문제는 어떻게 생각하십니까? 한국의 집값이 예전과 비교해 상당히 올랐습니다. 부동산 투기가 주원인입니다. 사실 집은 거주 개념 외에 재테크나 노후 대비 차원으로 많이 이용합니다. 이런 이유로 자가 주택 마련은 더욱 어려워지고 있습니다. 주택 문제에서 정부의 역할은 어디에 있다고 보십니까?

실비아 알레그레토 미국의 주택 관련 제도는 주택을 마련할 여력이 있는 사람들에게 유리하게 설계되어 있습니다. 주택담보대출을 받는 사람들에게 주는 세제 혜택은 전세나 월세를 내는 임차인보다 자가 소유 주택이 있는 사람들을 위한 것이라고 할 수 있죠. 심지어 집을 여러 채 소유한 사람에게도 이와 같은 혜택이 돌아갑니다. 불공평하죠.

부동산 투기는 미국 사회의 주택문제와 아주 밀접하게 관련이 있습니다. 제가 살고 있는 오클랜드 주는 부동산 시장이 붕괴됐습니다. 많은 사람이 주택담보대출 문제로 집을 은행에 넘겼습니다. 제 주변에도 집을 마련하려는 친구가 있는데요, 그 친구가 보러 다닌 집 중 상당수가 주택담보대출금을 못 갚아 은행이 처분한 것이라고 하더군요.

은행은 그런 집들을 새로이 페인트칠하여 이전 가격보다 10만 달러 이상 높게 시장에 매물로 내놓습니다. 그렇게 판 주택이 수백 가구에 달하며 은행은 이러한 차익 거래로 수익을 올리고 있다는 것입니다. 주택시장은 온전히 주택 소유자를 위해 존재해야 합니다. 은행을 비롯한 금융기업이 투기에 앞장서도록 놔두면 안 됩니다. 주택은 가정과 그들의 거주를 위해 존재해야 합니다.

생존을 위해 투쟁하는 서민들은 높은 금리에 시달립니다. 이에 반해 자기 주택을 소유한 이웃은 정부의 불합리한 정책을 이용해 온갖 세제혜택을 받습니다. 정부의 복지혜택이, 국민의 세금이 엉뚱한 곳에 쓰이는 것입니다.

에카르드 슈뢰터 주택마련 기회를 보장하는 통일된 공공주택정책은 유럽에도 존재하지 않습니다. 독일은 전적으로는 아니지만 일반적으로 부동산 시장에서 사적 투자자와 개발자가 주택을 제공하도록 합니다. 이러한 정책은 영국과 같이 정부가 공공주택 제공에서 큰 역할을 하는 나라들과는 대조적입니다. 독일의 중앙과 지방의 정부 인사들은 차별과 양극화가 없는 '사회적 통합 도시'를 꿈꿉니다.

독일 정부는 공공주택을 제공하는 식으로 시장에 직접 개입하지 않습니다. 그러나 정부가 중요시하는 원칙은 있습니다. 주택정책의 혜택이 저소득층의 주택 마련에 돌아가게 한다는 점입니다. 몇 년 동안 독일은 주택을 싸게 제공하려고 노력해왔습니다.

예를 들면 정부가 기업에 매우 싼 금리로 돈을 제공해서 기업이 저소득층을 위해 집을 짓게 한다든지, 특별 세제 혜택을 통해 기업의 수익성을 개선함으로써 기업이 이들을 위해 건설에 참여해 사회적 책임을 다하도록 하는 식으로 지원합니다. 아울러 법적으로 3년 안에는 임대료를 20% 이상 올릴 수 없도록 한다든지 처음부터 지역 내 평균 임대료 이상으로는 계약할 수 없게 한다든지 하는 식으로 임대비용을 철저히 관리합니다.

그래서 독일에서는 부동산을 투기 목적으로 구매하는 비율이 매우 낮습니다. 특히 도시와 광역권 지역에서 그 수치가 낮습니다. 이는 독일에서 상대적으로 엄격하게 실시하는 주택시장의 기능이기도 합니다. 이러한 결과 독일에서는 입주자들이 집주인과 마찬가지로 강력한 권리를 주장할 수 있습니다.

독일에서는 사람들이(전체적으로는 51%, 대도시에서는 70%) 대부분 임대한 집에서 살며, 자신이 소유한 집에서 사는 것보다 임대한 집에서 사는 것이 천시되는 사회적 편견이 없습니다. 앞에서 말했듯이 임대한 집에서 살 경우 집주인과 동등하게 강력한 법적 권리를 누릴 수 있지요.

주택시장은 대체로 상당히 안정적이며 다른 나라에 비해 과열되지 않았습니다. 정부와 공적 기관이 정부보조주택 건축과 임대에 활발하게 관여하지는 않습니다. 앞서 설명한 것처럼 정부는 기업과 투자가들이 서민과 사회를 위한 저가주택을 건축하도록 유도하고 집이 필요한 서민에게 주택 구입 기회를 제공하도록 장려책을 제공합니다.

임마누엘 페스트라이쉬　한국 정치인 사이에서 가장 큰 이슈는 '일자리 창출'입니다. 매일 듣는 주제이지요. 단도직입적으로 질문하겠습니다. 정부 정책이 일자리 창출문제를 해결할 수 있다고 보십니까?

실비아 알레그레토　국제 금융위기가 시작된 지 4년이 지났습니다. 실업률이 치솟았고, 청년 실업률은 더 심각합니다. 청소년은 일할 기회조차 박탈당하는 것이죠. 왜 이렇게 되었을까요? 사실 청년 일자리 문제는 1990년대부터 있었습니다. 하지만 미국의 현재 상황은 좀 더 심각합니다.

청년 실업 문제를 타개할 정부 정책 가운데 미국이 도입하면 꽤나 효과적이었을 것도 있습니다. 한때 독일 정부가 시행한 '일자리 나누기'가 그것인데요. 급여수준을 그대로 유지하면서 일하는 시간을 줄여 실업자들에게 일자리를 제공하고, 부족한 돈은 정부에서 대주는 방식이었습니다.

에카르드 슈뢰터　현재 독일의 청년 실업률은 유럽 국가 중 가장 낮은 수준입니다. 수출 중심 경제성장과 인구 변화로 학교를 중퇴하는 청년수가 줄어든 것이 가장 큰 이유입니다. 청년에게 일자리를 제공하는 성공사례에서 중요한 요소는 직업훈련과 그에 따른 직무능력 향상입니다. 독일식 직업훈련과 전문지식은 유서 깊은 견습체계를 갖추고 있습니다. 학교에서 직업훈련을 하는 것과 함께 각 자치단체에서 제공하는 자격을 갖춘 전문 근로자들을 직장에서 교육하는 이중체계가 기본 골격입니다. 전체 졸업생 중 60% 정도가 이러한 프로그램으로 교육을 받습니다.

이는 독일 국가 산업의 특성상 시장의 요구를 철저히 받아들여

개발한 것으로, 고용주와 노조, 정부가 긴밀히 협력한 결과물입니다. 이런 형태의 협력이 가능하다면 많은 국가가 청년 실업률을 낮출 수 있습니다.

앞서 알레그레토 교수님이 말씀하신 '직업 나눔' 사업은 독일에서는 '단기 직업 프로그램Short Work Program'으로 알려져 있습니다. 이는 수요가 줄어들 경우 실업률이 높아지지 않도록 설계된 사업으로 중앙정부의 고용부처에서 운영하는 의무적 실직보험계획에 속해 있습니다. 근로자를 해고하는 대신 경제적으로 어려움을 겪는 기간에 근무시간을 10% 이상 줄이는 것입니다.

정부기관은 6개월간 최대 60%까지 줄어든 월급을 보상해줍니다. 예외적으로 심각한 경제침체 시기에는 정해진 기간이 24개월까지 늘어나기도 합니다. 이 사업은 고용주와 근로자 양쪽에게 이득이 됩니다. 근로자들은 (어느 정도) 수입은 줄어들겠지만 직장을 유지하고 사업이 제공하는 혜택을 누립니다. 기업은 숙련된 근로자를 해고하지 않아도 되며 경기가 회복되면 다시 정상으로 운영하게 됩니다. 이 사업은 분명 다른 나라에게 좋은 모델이 될 수 있습니다.

임마누엘 페스트라이쉬　다양한 주제로 이야기해보았습니다. 한국의 복지를 중심으로 이야기하다보니 미국 사회의 문제가 더 크게 보이기도 했습니다. 마지막 말씀 부탁드립니다.

실비아 알레그레토   세계화는 새로운 문제점을 수반합니다. 하지만 미국의 본질적 문제는 언론과 기업에서 계속해서 돈이 없다고 말하는 것입니다. 사실은 전혀 그렇지 않은데 말입니다.

미국은 아주 부유한 나라입니다. 정부예산도 넉넉해서 국방비도 많이 쓰고 투자은행을 구제하는 데도 막대한 자금을 지출합니다. 한국도 마찬가지입니다. 한국 정부 역시 복지, 교육, 주택 문제를 해결할 만큼 충분한 예산을 확보해놓고 있습니다. 따라서 정치적 의지만 있으면 됩니다.

우리는 지금이 아닌 다음 세대를 걱정해야 합니다. 그들이 최상의 교육을 받고 부모 역시 안정감 있는 생활을 영위하도록 해야 합니다. 그것이 곧 장기적으로는 국가 이익이 되므로 그런 목적으로는 투자를 아끼면 안 됩니다.

정부 역할을 축소하고 시장 논리에 따라야 한다는 주장은 정치적 수사에 불과합니다. 정부가 근본 문제에 집중한다면 난관을 헤쳐 나갈 수 있습니다.

독일은 고용에 집중하면서 현재의 모습을 갖추었습니다. 탁월한 선택이었죠. 반면에 미국에서는 서민이 담보로 잡힌 집을 은행에 넘기는 사태를 수수방관했습니다. 은행들의 탐욕 때문에 부동산 거품이 생겼는데도 말이죠. 대단히 충격적이었습니다.

정부는 소수의 부자가 아닌 다수의 서민을 도와야 합니다. 금융 거품과 그것을 구제하는 정부의 금융지원은 더는 있어서는 안 됩니다.

에카르드 슈뤠터　미국은 잔여적Residual Welfare ·선별적 복지 Selective Welfare를 시행하는 국가입니다. 독일은 보편적 복지를 시행하는 국가입니다. 두 국가의 차이를 구별하는 가장 좋은 기준점은 상업화의 관점입니다. 콘셉트는 단순합니다. 좀 더 시장적 관점으로, 상품화된 개념으로, 물질적 개념으로 사람, 노동, 삶을 판단하느냐 그렇지 않느냐는 것이겠지요.

이는 단순히 사회복지만 갖고 이야기할 수 없는 부분입니다. 사회문화와 철학은 매우 중요한 변수입니다. 물론 정치경제 제도도 사회복지를 결정하는 중요한 변수입니다. 사회복지에 쓰이는 비용은 독일, 미국 모두 개인 측면에서 보면 그들 소비비용의 40% 내외가 됩니다.

즉 미국과 독일의 차이는 이렇습니다. 미국의 개별 시스템은 개개인이 스스로 자신을 보호하기 위해 자산과 금융시장을 활용해 부를 축적하고 이를 개별적으로 활용하는 것입니다. 좀 더 집단적인 독일은 큰 공공사회보험 비용을 동일한 목적으로 모아 활용합니다. 결국 시장을 믿을 것인가, 정부를 믿을 것인가 하는 문제로 귀결되죠.

사회복지 문제가 최고 화두로 떠오른 한국인에게 무엇을 선택할지 묻기 전에 무엇을 더 믿을 수 있는지 묻습니다. 중요한 시대적 결정 앞에 놓인 한국인의 현명한 선택을 기대합니다.

Chapter **7**

세계가
속고 있는
한국 교육을
해부하다

레지나 머티|Regina Murphy 마이클 세스|Michael J. Seth

레지나 머티는 아일랜드 더블린의 세인트페트릭대학교 교육학 교수다. 교사 교육 전문가로 한국에는 낯선 유럽과 아일랜드 교육을 소개한다.

마이클 세스는 제임스메디슨대학교 역사학과 교수다. 한국을 비롯한 아시아 전문가로 『교육열(Education Fever)』 등의 저서로 널리 알려져 있다.

한국의 교육이
모델이라고?

임마누엘 페스트라이쉬　　한국 내 많은 사회문제 중 교육문제는 단연 핫 토픽 중에서도 핫 토픽입니다. 비록 최근 미국에서는 한국 교육의 장점을 부각해서 보도하고 일종의 롤 모델처럼 이야기하는 경향이 있지만 제가 보는 한국 교육에는 문제점이 많습니다.

실제로 한국에서도 교육정책과 시스템에 대한 우려의 목소리가 높으며 문제점을 정확히 인식하고 있는 것처럼 보입니다. 다만 이를 보완하고 수정할 대안을 찾고 실행하는 데 어려움을 겪고 있긴 하지만요. 이러한 한국 교육에 대해서 어떻게 생각하시는지 궁금합니다.

레지나 머티　　지난 20년간 한국과 같은 아시아 국가들은 아일랜드에게 교육에서 매우 성공한 국가로 인식되었습니다. 국제적으로 열리는 수학평가대회 등에서 매우 높은 평가를 받고 있는 점 등이 이를 증명합니다.

한국과 비교하면 유럽 국가의 학생들과 선생님들은 대체로 매우 게으르며 때로는 아주 기본적인 학습 의지도 보이지 않는 이들로 비춰지기도 합니다. 제가 보기에도 일부는 사실인 듯합니다. 그러나 아일랜드 교육인에게 한국을 비롯한 타이완, 싱가포르 등의 교육정책과 방향은 항상 논쟁거리입니다.

논쟁의 핵심에는 우리 문화의 정체성을 교육에서 얼마나 그리고 어떻게 가르칠지가 자리 잡고 있습니다. 우리의 문화 정체성을 어떻게 강화하고 지켜나갈지, 젊은이에게 각 개인의 개성을 강화하고 표현력을 키울 수 있는 교육을 어떻게 할지가 논쟁의 핵심에 있습니다. 그리고 이러한 가치를 좀 더 소중히 여기는 사람들은 아시아 국가 교육 시스템의 한계를 지적합니다. 이들은 교육 시스템과 커리큘럼에 문학과 예술 그리고 문화에 대한 교육이 있느냐고 묻습니다. 이들은 이러한 교육이 개개인의 행복에는 더욱 직접적이고 중요한 문제라고 생각합니다.

이들의 주장은 강한 저항이자 단호함을 표현한 것입니다. 이는 수학과 기술에 집중하는 교육에 저항하는 것입니다. 이러한 저항은 우리의 문화, 가족과 사회에 대한 소통과 연대감 등에 더 높은 가치를 부여하는 사회적 요구로 받아들여집니다. 이러한 차이점은 어디서 왔느냐는 의문에 대해 생각해보지 않을 수 없습니다. 그래서 가끔 상상해보기도 합니다. 만약 서울의 빌딩 숲 어느 아파트에서 살고 있다면 지역사회에 대한 연대감과 가치 등을 지금처럼 생각할 수 있을까요? 분명 큰 차이가 있을 겁니다.

저는 이곳에서 아이들을 가르칠 때 삶의 질과 행복의 중요성에 대해서 강조합니다. 저는 한국 학생들의 높은 자살률에서 눈을 뗄수 없습니다. 어떤 교육자나 행정가도 이러한 결과는 의도하지 않았겠지만 이러한 일은 끊임없이 일어나고 있습니다. 미래에 더 나은 지위에 올라가거나 성공하기 위해 정형화된 시험을 준비하게 하고 끊임없는 경쟁을 부추기는 교육 시스템이 과연 올바른 것일까 자문합니다.

마이클 세스　한국 교육의 가장 큰 문제점은 대학 입시에 모든 정책적 방향과 시스템이 집중되어 있다는 것 아니겠습니까? 그런데 이러한 현상인식에 대해서는 많은 사람이 동의하면서도 이 문제가 어디서 유발되었는지 이야기하는 사람은 많지 않아 보입니다. 저는 그 이야기를 하고 싶습니다.

한국에서는 사회적 지위를 얻고 유지하는 것이 매우 중요한 가치로 여겨지는 것 같습니다. 일종의 사회적 지위가 한 인간의 삶을 평가하는 절대적 가치인 것처럼 말이죠.

사회 분위기가 그렇다면 결국 무엇이 사회 구성원에게 중요해지겠습니까? 여러 가지가 있겠지만 교육 분야로 이야기한다면 단연 학위가 되지 않을까요? 그렇게 되면 그 사회에서는 학위가 교육의 본질적 의미보다 훨씬 더 중요하게 됩니다. 이러한 문제의 근원은 조선시대까지 거슬러 올라갈 수 있지만 일제강점기에 강화된 것으로 보입니다.

일제강점기의 고등교육은 한국인으로서 엘리트 코스로 가는 지름길이자 필수요소였습니다. 물론 고등교육을 받을 기회는 매우 제한적이었지요. 사실상 전체 어린이의 90%가 열두 살이 되기 전에 고등교육을 받을 수 없는 자, 즉 교육의 한계로 사회적 지위가 이미 결정되는 상황에 놓여 있었습니다. 그런데 해방 이후 이러한 교육에 대한 제한이 법으로 폐지되자 많은 사람이 신분상승을 하기 위해 교육에 매달리게 되었습니다. 결과적으로 엄청난 경쟁 시스템이 만들어진 것이죠.

제2차 세계대전 이후 일본으로부터 해방된 한국 사회는 신분변동에서 과거와는 비교가 안 될 만큼 유동성을 갖게 됩니다. 그리고 정부가 주도하여 교육 기회가 모든 국민에게 공평하게 제공되면서 교육과 학위가 사회적 지위를 올리는 가장 손쉬운 방법이 되었습니다.

문제는
교육 밖에 있다

임마누엘 페스트라이쉬 그런데도 유독 대학학위에 집착하는 사회 분위기는 쉽게 이해되지 않습니다. 학위 중심 사회가 된 이유는 무엇일까요?

마이클 세스 결국 확률 문제입니다. 좋은 학위가 사회적 지위를 보장할 가장 확률 높은 방법입니다. 바꿔 말하면 아무리 한 개인이 특정 영역이나 분야에서 잠재적 능력이 있다 해도 좋은 학위가 없을 때 받을 사회적 불이익이 여러 면에서 사회적으로 검증된 이상 누가 소신 있게 이를 거부하고 거스를 수 있겠습니까?

물론 이러한 사회적 분위기에 변화의 신호가 감지되고 있고 또 이러한 사회적 문제가 해결될 거라고 생각합니다. 다만 시간이 많이 걸릴 것으로 보입니다.

한국 사회는 매우 수직적인 문화를 갖고 있습니다. 조선시대에는 인도의 카스트제도와 같이 계급이 확고히 정해져 있었습니다. 이 계급은 교육을 통해 정당화되고 강화되었으므로 신분을 바꾸기가 매우 어려웠습니다.

20세기에 들어서서야 이러한 계급사회가 바뀌기 시작합니다. 제2차 세계대전 이후인 1940년대가 되어서야 정부가 일반인을 대상으로 교육을 시작했습니다. 그 뒤에는 차별 없이 모든 국민이 같은 교육을 받을 수 있게 되었습니다. 이 시기에 교육을 받아 신분을 상승시킬 수 있다는 사회적 분위기가 태동되었습니다.

사실 20세기 초 이러한 변화의 요구가 시민들 사이에 있었습니다. 과거에는 평등이라는 개념조차 없었지요. 그러나 20세기 들어서서 신분의 성격이 급격하게 바뀌었습니다. 일부 지식인들과 지식을 접한 시민들이 평등을 이상적인 사회가치로 받아들이기 시작했습니다.

　이러한 평등 개념은 일본에서 들어왔다고 보면 됩니다. 물론 이러한 개념은 원래 서양의 것이지요. 서양의 평등 개념이 일본을 통해 한국에 전해진 것입니다. 1920년대에는 미국의 유명한 대학교, 예를 들면 콜롬비아대학교 같은 곳에서 교육받은 교육자들이 한국에 유입되기 시작했습니다. 그들 때문에 평등이라는 개념이 사회에 확산되기 시작했습니다. 1940년대 마르크시스트의 글이 이러한 사회 분위기를 더욱 고조시켰습니다. 이런 근대의 합리성이 전통적인 유교제도와 결합했다는 것은 재미있는 일입니다. 즉 평등이라는 가치가 사회적 신분과 서열을 강조하는 문화와 결합한 것입니다.

　유교가 바탕이 되는 전통사회에서 교육은 사회 신분을 유지하고 강화하는 사회 장치였습니다. 이러한 변화의 흐름 속에서도 교육은 본연의 역할을 계속했습니다. 문제는 이러한 평등적 가치를 주창하는 리더가 전통사회의 지식인, 즉 전통사회의 리더였다는 사실입니다. 이들은 새로운 이상적 가치, 평등한 사회를 세상에 널리 전파해야 할 사명감이 있는 동시에 가문과 자신들의 지위를 사회적으로 널리 알려야 하는 의무가 있는 모순된 사회에서 살게 되었습니다. 이 사회에서 사회적 지위, 신분과 교육은 계속해서 서로 연결성을 유지하면서 흘러 내려왔습니다.

그런데 지금의 교육은 사회적 지위를 얻고 강화하는 사회적 장치라는 특성은 같지만 과거보다 더욱 방어적 성격을 띠게 되었습니다. 1960년대, 1970년대는 상대적으로 실력이 중요한 사회였습니다. 즉 실력을 위한 학위와 교육이 필요한 사회였지요.

그러나 오늘날 사회는 그렇게 보기 어렵습니다. 이미 승자가 된 기득권층은 자신들의 사회적 지위와 권력, 부를 방어하기에 바쁘니까요. 그런 측면에서 교육은 이러한 방어에 매우 중요한 수단입니다. 단적으로 교육 비용 자체가 평등 교육을 불가능하게 만들었으니까요.

좀 더 실질적인 교육문제로 화제를 바꾸겠습니다. 한국 교육의 최대 문제는 아이들이 학교 외의 공간, 즉 학원 같은 곳에서 너무 오랜 시간 보내는 것입니다. OECD 국가 중에서도 단연 최고입니다. 비교할 국가가 없을 정도로 말입니다. 사교육 기관에 들이는 비용이 OECD 국가 평균의 3배 정도입니다.

그러나 문제의 핵심은 단순히 시간과 돈을 많이 들인다는 데 있는 것이 아니라 그러한 막대한 투자에 비해 실제 나타나는 결과적 차이는 아주 미미하다는 연구결과입니다. 즉 엄청난 개인적·국가적 자원의 낭비로 이어지고 있습니다.

왜 이렇게 되었을까요? 결국 앞에서 길게 설명한 모든 교육의 목표가 학교 진학, 즉 학위에 집중되어 있다보니 실질적인 교육의 소득이 없는 것입니다.

임마누엘 페스트라이쉬 미국의 교육 전문가로서 한국 교육을 어떻게 바라보십니까?

마이클 세스 오바마 대통령도 한국 교육을 찬사하고 일부 미국 교육자들이 한국 교육을 벤치마킹하려는 움직임이 있지만 이는 문제의 본질을 잘 모르고 하는 일입니다. 그들이 거론하는 내용은 대부분 학업성취도 국제비교연구Program for International Student Assessment, PISA 같은 일종의 프로그램화되어 있는 테스트의 결과물입니다.

그러한 결과물만 놓고 본다면 한국 학생들은 확실히 수학, 과학 분야에서 좋은 성적을 거두고 있습니다. 하지만 이는 평균적인 관점에서 최고일 뿐입니다. 즉 최고에서의 최고가 아니라는 이야깁니다. 한 국가의 전체 학생의 과학, 수학 학습 능력을 평가하는 관점에서 본다면 다른 국가보다 뛰어날 수도 있습니다. 그러나 국가를 이끌고 세상을 변화시킬 수 있는 사람을 길러낸다는 더 나은 교육을 위한 도전이라는 관점에서 본다면 결코 좋은 점수를 줄 수 없습니다.

한국 사회에서 교육 평준화를 하기 위한 노력과 성과는 주목할 만합니다. 학생들의 평균 학습능력을 향상시킨다는 장점은 분명 있습니다. 한국은 민주주의가 되면서 정부와 정치인이 많은 시민과 이익집단에 공평하게 교육 환경을 제공해야 하는 상황에 직면했습니다.

이러한 사회적 분위기는 '뺑뺑이 제도(당사자가 학교를 선택하지 못하고 일정한 규칙에 따라 지정받는 제도)' 같은 교육 평준화 제도를 만들어냈습니다. 그리고 명문으로 자리 잡은 학교를 의도적으로 분산시켰습니다. 정부 주도적 교육정책 때문에 학생들 수준에 맞는 교육을 하거나 우수한 학생을 모아 가르칠 교육기관을 양성한다는 관점에서는 분명 문제가 있었습니다.

그러나 반대의 경우인 분권적·시장 중심적 교육정책 역시 많은 문제를 가져왔습니다. 미국이 그 대표적인 예입니다. 미국 교육의 평균적 질에는 문제가 있어 보입니다. 미국은 이러한 이유로 정부 주도적인 교육정책 쪽으로 방향을 선회하는 경향을 보이고 있습니다.

교육 평준화라는 관점에서 본다면 한국의 교육 시스템은 매우 잘 운영되고 있는 국가 시스템이지만 이로써 발생하는 문제는 분명 보완할 필요가 있습니다. 미국의 경우 시장 주도적 교육정책으로 지역별·학교별 편차가 매우 심한 불평등한 교육 환경이 조성되었습니다. 이런 교육 시스템이 결과적으로 사회적 불평등을 초래했다고 볼 수 있기 때문에 이는 분명 경계해야 합니다. 결국 균형이 문제입니다. 따라서 한국과 미국 모두 교육정책은 서로 장단점을 보완해가며 균형을 맞출 필요가 있습니다.

임마누엘 페스트라이쉬 한국 교육의 미래를 위해 교육 전문가로서 도움 말씀을 부탁드립니다.

마이클 세스 미국과 한국의 문제점과 상호 보완점은 앞에서 말씀드렸습니다. 이러한 보완점이 잘 구현된 국가가 핀란드입니다. 핀란드의 정책을 유심히 볼 필요가 있습니다. 한국과 핀란드의 교육 시스템은 유사한 부분이 많습니다. 두 나라 모두 정부 주도적이며 강한 교육 시스템을 갖고 있습니다. 그러나 확실한 차이가 있습니다. 핀란드에는 학원 시스템이 없습니다. 학교 교육으로 충분하다는 일종의 사회적 합의나 철학이 있습니다.

많은 교육 평가 자료를 검토해보면 한국과 핀란드의 교육성과는 큰 차이가 없어 보입니다. 핀란드는 주 15시간 이하의 수업으로 한국과 동일한 성과를 내고 있습니다. 매우 효율적인 교육 환경과 시스템을 만들고 운영한다는 얘기입니다. 한국과 같은 학생들의 높은 스트레스 수치나 자살률 등도 찾아보기 힘듭니다. 비슷한 두 교육 시스템 사이에는 분명 무엇인가 크게 다른 점이 있다는 증거입니다.

미시적인 관점이긴 하겠으나 핀란드에서는 학교가 선생님 중심으로 운영된다는 것과 같은 차이점이 있지요. 핀란드의 교육정책은 정치적으로 또는 정부가 결정한 정책에 좌지우지되지 않는 것이 큰 특징입니다. 교사들에게 절대적인 결정권이 주어지는데, 이러한 방법이 매우 효과적이고 효율적인 것으로 보입니다. 이러한 차이점을 깨닫는 것이 한국 교육 시스템 개선의 좋은 시작점이 되지 않을까 생각합니다.

레지나 머티　아일랜드 교육과정에서 매우 특이하면서도 효과적인 프로그램은 고등학교 2학년 과정 이후에 있는 전환학년 Transition Year 제도입니다. 학생들은 고등학교 2년을 마친 뒤 3학년 과정에 들어가기 전에 1년 동안 전환학년을 보낼 수 있는데, 이는 학생들이 자유롭게 신청할 수 있습니다.

이 기간에 많은 학생이 학업과 관련된 학습도 하지만 이보다는 사회봉사 프로그램이나 사회참여활동 등에 참여합니다. 이를 통해 자신의 사업을 구상하기도 하고, 사회 기업가 정신을 학습하기도 하고, 과학 연구에 참여하기도 하고, 언론이나 학술적 연구 활동에 참여하기도 합니다. 물론 이러한 프로그램을 신청하지 않고 3학년에 바로 올라가서 대학입시를 준비하는 이들도 있습니다. 그러나 이러한 프로그램이 학생들에게 매우 긍정적인 영향을 미친다는 사실은 여러모로 확인되고 있습니다.

제 큰아들은 이 기간에 연극활동에 적극적으로 참여해 조명일을 배웠습니다. 이때 배운 일과 사회적 책임감에 대해서 깊이 이야기한 적이 있습니다. 제 딸은 이 기간에 신규 회사 설립과정에 참여해 일했는데, 이때 얻은 사회적 경험을 매우 의미 있게 생각합니다. 두 아이 모두 전환학년 제도에 적극적인 지지를 표현하며 이 제도가 자신들의 삶에 매우 중요하고도 큰 차이를 가져왔다고 확신에 차서 이야기합니다. 이는 장기적인 인생과 관련된 내용뿐 아니라 입시와 관련해서도 영향이 있다고 말합니다.

"대학교에 가기 전에 누군가 잠시 나를 그 과정에서 꺼내어 시간을 준다는 것은 매우 중요한 의미가 있었습니다. 그러한 시간과 활동이 경험이 되어 생각의 깊이가 더해졌고 좀 더 폭넓고 깊은 사고를 하게 되었습니다. 외부 시스템에 끌려가는 것이 아니라 나 자신이 왜 공부해야 하는지, 배움의 가치가 무엇인지, 나를 어떻게 관리해야 내가 목표한 바를 향해 끊임없이 달릴 수 있는지 등을 깊이 고민하게 되었습니다."

아들의 이야기만으로도 이 프로그램이 세상에 대해 더 폭넓게 사고하고 더욱 성장하게 한 것이 틀림없다고 느끼게 됩니다. 이는 기존 교육 시스템에서 그들이 배우고 느낄 수 없었던 것을 배울 기회를 주었습니다. 결국 이를 통해 진정한 배움과 교육의 의미 그리고 가치를 스스로 깨우치게 된 것이지요.

교육은 정부 혼자서 할 수 없습니다. 교육정책에서 많은 부분은 가정교육과 관련지어 고민해야 합니다. 이를 위해서 교육정책자들이 가정, 사회, 환경 부분까지 고려해야 합니다. 여성의 사회 참여 비율이 높아지면서 이들을 위한 정책적 지원이 절실해지고 있습니다. 아일랜드에서는 일부 스칸디나비아 국가의 이러한 변화를 고려해서 아이들의 가정교육을 보완하는 정책을 도입하려고 노력하고 있습니다.

우리가 잊고 있는 것들

임마누엘 페스트라이쉬 교육문제는 단순한 정책 하나로 해결할 수 없다는 것을 인터뷰를 하면서 다시 한 번 느낍니다. 예를 들면 앞서 세스 교수님이 설명하셨듯이 신분제도라는 한국의 역사적 특수성을 떼어놓고는 학위와 대학 입시의 중요성을 설명할 수 없는 것과 같습니다. 그런 측면에서 보면 교육에 정책 측면에서 접근하기 전에 깊이 있는 철학적 접근이 필요하다는 생각이 듭니다. 그런 의미에서 교육 철학자이신 피터 헤르삭 교수님 말씀으로 이 장을 마무리할까 합니다.

피터 헤르삭 제게는 아들이 둘 있습니다. 큰아들은 서른두 살이 되었으니 교육 시스템의 울타리에서는 벗어나 있습니다. 둘째아들은 열한 살로 초등학교 5학년입니다. 이 녀석이 학교 과제하는 것을 가끔 보는데 그때마다 많은 생각을 합니다. 우리 때와 다르게 아들은 많은 시간을 컴퓨터 앞에서 보냅니다. 학교 과제에 필요한 정보를 컴퓨터에서 찾기 위해서입니다. 그런데 아들의 공부 방법이 지식과 정보 사이에서 매우 위험하고도 혼란스러운 일을 유발하지 않을까 걱정됩니다.

우리가 살고 있는 세상은 매우 빠르고 예측 불가능하게 변합니다. 일반인은 물론 전문가도 이러한 변화 속에서 미래에 일어날 일을 예측하기가 결코 쉽지 않다는 데 동의합니다. 즉 우리는 미래를 예측하기보다는 닥쳐온 현재를 현명하고 빠르게 보내는 것이 더욱 중요한 시대에 살고 있습니다. 그런데 교육을 단순히 정보를 찾고 배우는 수준의 일로 정의한다면, 이러한 교육을 받은 아이들이 앞으로 우리가 직면한 변화의 속도에 현명하게 대응할지 생각해 보게 됩니다.

역설적이게도 이른바 정보과잉 시대에서 정보는 그리 중요해보이지 않습니다. 이보다는 오히려 지식이나 지혜의 관점이 더 중요해보입니다.

이해를 돕기 위해 요리를 예로 들어보겠습니다. 요리를 시작해서 요리가 한 가지 나왔습니다. 이것이 끝일까요? 이 요리는 전체 과정에서 보면 시작에 불과합니다. 다시 같은 요리를 반복하면서 다른 사람에게 맛이 어떤지 묻기도 합니다. 다른 사람의 의견을 바탕으로 수정해보기도 하고 본인의 생각과 다른 요리를 만들어보기도 합니다.

아무리 단순하다 해도 이렇듯 지속적·반복적인 과정을 거쳐 요리한 음식은 맛이 좋아지고 완성도가 높아집니다. 진정한 배움이란 그런 것 아닐까요? 지식도 이러한 과정에서 완성되어야 합니다. 단순히 컴퓨터에서 일회용으로 찾아 쓰는 정보에서 그치는 것이 아니라는 말이죠.

이러한 배움은 어찌 보면 단순한 학문적 배움만으로 완성될 수 없습니다. 배움은 단순히 파워포인트나 누군가의 가르침으로만 완성될 수 없습니다. 우리의 배움은 경험을 바탕으로 다른 사람들과 맺는 관계 속에서 완성됩니다. 교육은 이러한 행위의 합이므로 좀 더 영속적이고 높은 것에 목표점을 두어야 합니다.

이런 측면에서 타인과 함께하는 과정은 매우 중요합니다. 교육은 우리가 직면한 냉혹하고 철저히 개인중심적인 사회문제를 해결할 첫걸음이 될 것입니다. 너와 내가 경쟁하면서 결과를 평가받는 교육 시스템에서 너와 내가 함께하는 과정에서 배움을 완성하는 과정으로 교육을 변화시켜야 합니다. 함께하는 과정에서 배움이 있어야 합니다.

더욱이 앞서 설명한 정보 과잉의 시대적 흐름에는 이러한 교육이 더욱 필요하고 중요합니다. 이제 개개인이 얼마나 많은 정보를 알고 있느냐는 것만으로는 우리가 기대하는 사회를 만들어낼 수 없습니다.

교육의 관심과 목표가 학교와 교육정책이 되어서는 안 됩니다. 학생 하나하나는 물론 그들이 속한 공동체 그리고 더 넓게는 사람과 사람의 관계로까지 확대해야 합니다. 물론 오늘 이 순간까지 논의해온 관행과 시스템을 하루아침에 바꾸기는 쉽지 않습니다. 그러나 바꾸어야 합니다.

이러한 변화를 만들기 위해서는 명심해야 할 것이 있습니다. 변화를 만들어내는 것이 어려운 것은 부모, 행정가, 정치인이 이러한 필요성에는 동의하면서도 정작 내 아이를 위한 변화만 생각하기 때문입니다. 내 아이만을 위한 변화가 아니라 우리 아이를 위한 변화가 중요합니다.

　한국에서는 내 아이를 위한 부모의 마음 때문에 사교육 시장이 비정상적으로 거대해졌고, 미국에서는 내 아이를 위한 부모의 마음 때문에 지역별 학교 수준이 비정상적으로 양분되었습니다.

　사회 변화는 바로 이 순간, 이 사회를 구성하는 개개인의 변화에서 시작될 수 있음을 잊지 말아야 합니다.

촘스키,
한국에 놀라다

세계 경제와 세계 문화의 트렌드, 무엇보다 세계 모든 이에게 비전과 꿈을 제공하는 데 한국의 역할은 매우 커졌습니다. 모든 이가 앞으로 한국의 방향과 미래에 대해 논의해야 할 이유가 생긴 것입니다.

이런 이유로 저는 이 책을 진행하는 과정에서 세계적 석학들이 한국을 더 자세히 알기를 바랐습니다. 인터뷰하게 되는 석학들이 한국 사회의 쟁점과 그 중요성을 이해하도록 한국의 문화, 정치, 경제에 관한 기사와 관련 글을 영어로 번역했습니다. 그간 한국 내 중요 사안은 영어 방송 매체에서 다루지 않거나 매우 얕게 다루는 경우가 많았습니다. 그들과 만나고 인터뷰하는 과정에서 이러한 정보를 전달하자 그들은 한국이 문화·정치적으로 얼마나 중요한지, 또한 자신이 고민해온 질문과 어떤 연관이 있는지 깨달으며 매우 놀랐습니다.

그들은 독일과 프랑스 등 유럽의 사회적 이슈는 매우 잘 파악했지만 한국의 사회적 이슈가 자신의 연구와 매우 직접적으로 연관되어 있는데도 그에 관해 아는 바는 매우 적다는 사실을 느꼈습니다. 결과적으로는 인터뷰와 만남 과정에서 많은 사람이 한국에 대해 더 배우고 싶어했습니다.

특히 촘스키 교수님과 맥체스니 교수님에게 한국 언론과 정치적 갈등에 대해 설명하기 위해 '나꼼수' 현상과 MBC, KBS 등 주요 언론의 파업에 관해 글을 쓰던 일이 기억에 남습니다. 두 분 모두 한국인과 미래 언론에 대한 국내 논쟁의 중요성에 꽤나 놀라워하셨습니다. 인터뷰 중 맥체스니 교수님은 한국처럼 언론에 대한 뜨거운 논쟁이 미국에는 없음을 오히려 한탄하셨습니다.

저는 석학들이 한국의 발전에 관해 더욱 확장해서 이해하는 능력에 놀랐습니다. 많은 분이 현재 한국이 겪는 문제가 세계 여러 곳에서 일어나는 현상이라고 지적해주셨습니다. 인터뷰를 진행하면서 삼성의 스마트폰, 현대의 자동차 등으로 대표되는 글로벌 제품을 넘어 한국의 정책과 문화 등이 세계적으로 깊은 영향을 미칠 수 있음을 강하게 느꼈습니다. 세계 전역의 전문가들이 한국을 더욱 심도 있게 연구할 때가 온 것입니다. 세계 석학들에게 한국에 대해 더 알려보겠다는 목표 이상의 결과를 얻은 것이 매우 기쁩니다.

이 책을 준비하고 쓰는 과정에서 얻은 교훈이 하나 있습니다. 각 장의 주제이자 한국이 직면하고 있는 정치·사회적 문제가 단순히 한국 사회만 안고 있는 문제가 아니라는 사실이었습니다. 그런데 불행히도 이제는 이러한 문제를 해결할 때 선진적 모델, 즉 배우고 따라할 대상이 없어졌습니다. 특정 분야에서 미국, 일본, 독일 등 일부 선진국이라 불리는 국가들이 앞서 가는 것은 사실이지만 그들이 배워야 할 부분도 수없이 많이 발견되었습니다.

한국은 한국인이 생각하는 것 이상으로 빠르게 '선진국'이 될 준비를 서둘러야 합니다. 세계 속에서 한국의 역할이 한국인이 생각하는 것 이상으로 커지고 중요해졌습니다. 한국인은 세상이 이토록 급속히 변할 거라고 예측하지 못했거나 한국이 세계 경제구조 속에서 이토록 빨리 중심에 설 거라고 예측하지 못한 것 같습니다.

한국사회의 문제에 대한 석학들의 통찰과 고언을 듣는 것이 이 책의 집필 목적이었습니다. 그런데 이 책을 집필하는 과정에서 이분들의 한국에 대한 이해와 조언이 한국에 대한 기대로 바뀌고 있음을 느꼈습니다. 이들은 고삐 풀린 자본주의에서 비롯된, 전 세계적으로 직면하고 있는 정치, 경제, 사회 문제를 어떻게 헤쳐 나갈지에 대해서 한국이 새로운 세계의 패러다임을 제공하기를 기대했습니다.

이 책이 새로운 한국을 만드는 작은 실마리가 될 수 있기를, 그리고 앞서 석학들이 기대했듯이 새로운 시대 한국이 새로운 패러다임을 제공할 수 있는 국가로 나아가는 데 일조할 수 있는 초석이 되기를 기원해봅니다.

세계의 석학들, 한국의 미래를 말하다

초판 1쇄 발행 2012년 10월 29일
초판 2쇄 발행 2012년 12월 3일

지은이 임마누엘 페스트라이쉬
펴낸이 김선식

Chief Editorial Creator 우재오
Design Creator 손은숙
Marketing Creator 이주화

Creative Marketing Dept. 이주화 원종필 백미숙
            Online Team 김선준 박혜원 전아름
            Public Relation Team 서선행
            Contents Rights Team 김미영
Creative Management Dept. 김성자 송현주 권송이 윤이경 김민아 한선미

펴낸곳 (주)다산북스
주소 경기도 파주시 회동길 37-14
전화 02-702-1724(기획편집) 02-6217-1726(마케팅) 02-704-1724(경영지원)
팩스 02-703-2219
이메일 dasanbooks@hanmail.net
홈페이지 www.dasanbooks.com
출판등록 2005년 12월 23일 제313-2005-00277호

필름 출력 스크린그래픽센타
종이 (주)월드페이퍼
인쇄 · 제본 스크린그래픽센타

ISBN 978-89-6370-072-4 03300